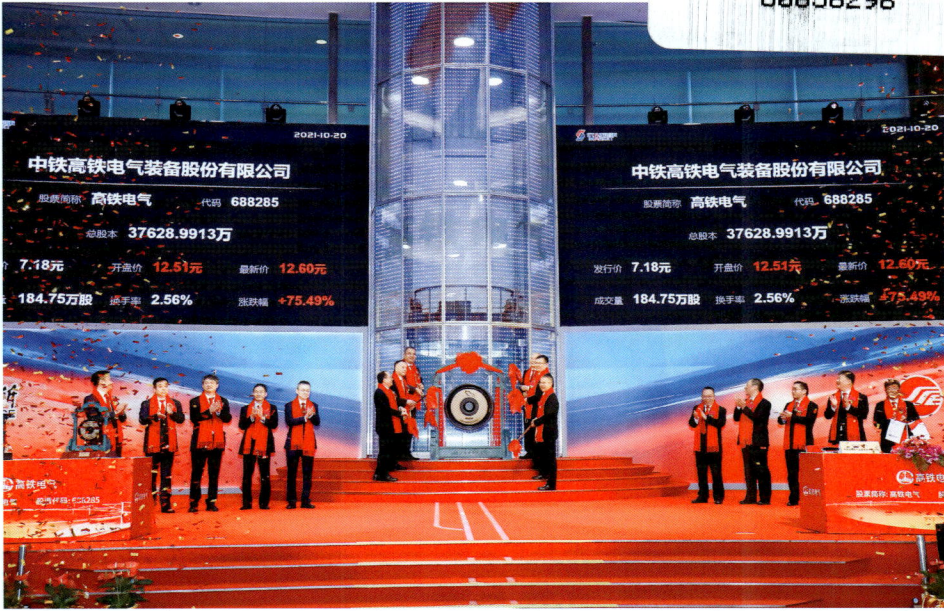

■ 2021年10月20日，高铁电气成功登陆科创板

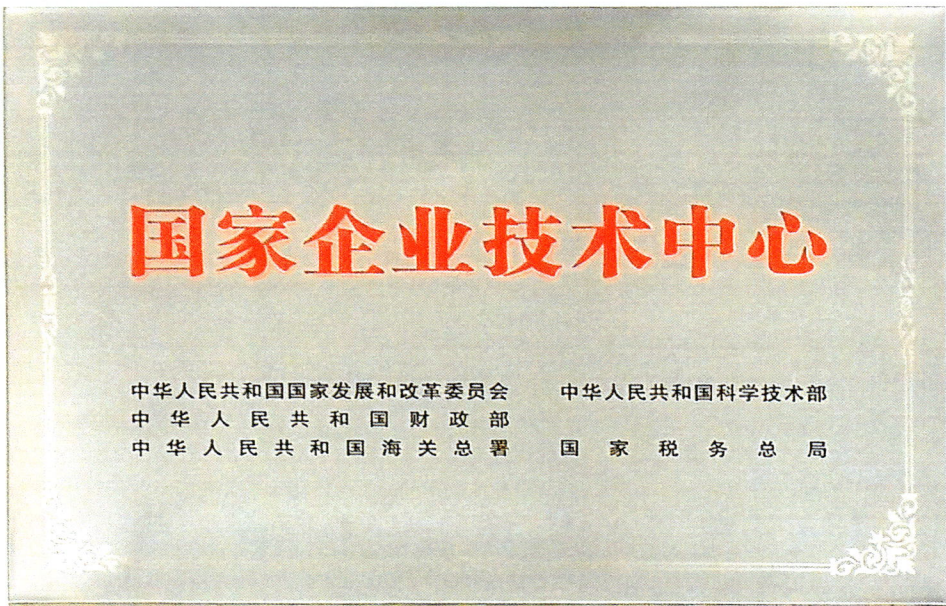

国家企业技术中心

中华人民共和国国家发展和改革委员会　　中华人民共和国科学技术部
中华人民共和国财政部　　　　　　　　　中华人民共和国海关总署　　　国家税务总局

■ 高铁电气获评"国家企业技术中心"

■ "基于耦合动力学的高速铁路接触网/受电弓系统技术创新及应用"项目获国家科学技术进步奖二等奖

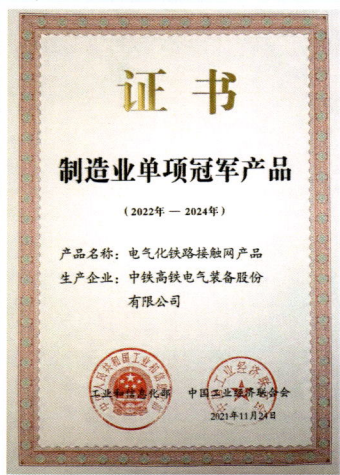

■ 高铁电气"电气化铁路接触网产品"入选第六批制造业单项冠军产品

■ 高铁电气参与的"以简统化为核心的高服役性能新型接触网关键技术与装备"项目获2020年度中国铁道学会科学技术奖特等奖

■ 参与建设中国第一条重载单元双线电气化铁路——大秦线

■ 参与建设中国第一条跨越高寒地带客运专线——哈大客专

■ 参与建设中国第一条具有自主知识产权，完全实现国产化的高速铁路——京沪高铁

■ 参与建设中国第一条高原高铁——兰新高铁

■ 参与建设中国第一条中低速磁浮线路——北京磁浮S1线

■ 参与建设西藏首条电气化铁路——川藏铁路拉林段

# 科创板上市全过程探索

## ——以中铁高铁电气装备股份有限公司为例

本书编写组　编

西北工业大学出版社

西　安

**图书在版编目（CIP）数据**

科创板上市全过程探索 ： 以中铁高铁电气装备股份
有限公司为例 ／ 本书编写组编. -- 西安 ： 西北工业大
学出版社， 2024. 8. -- ISBN 978-7-5612-9439-0

Ⅰ. F279.246

中国国家版本馆CIP数据核字第2024Q5333L号

KECHUANGBAN SHANGSHI QUAN GUOCHENG TANSUO
—YI ZHONGTIE GAOTIE DIANQI ZHUANGBEI GUFEN YOUXIAN GONGSI WEI LI

# 科创板上市全过程探索
## ——以中铁高铁电气装备股份有限公司为例

本书编写组　编

| | |
|---|---|
| 责任编辑：隋秀娟　马婷婷 | 策划编辑：杨　军 |
| 责任校对：高茸茸 | 装帧设计：高永斌　郭　伟 |

出版发行：西北工业大学出版社

通信地址：西安市友谊西路 127 号　　　　邮编：710072

电　　话：（029）88491757，88493844

网　　址：www.nwpup.com

印　刷　者：西安五星印刷有限公司

开　　本：720 mm×1 020 mm　　　　1/16

印　　张：11.875　　　　　　　　　彩插：2

字　　数：181 千字

版　　次：2024 年 8 月第 1 版　　　2024 年 8 月第 1 次印刷

书　　号：ISBN 978-7-5612-9439-0

定　　价：79.00 元

# 《科创板上市全过程探索——以中铁高铁电气装备股份有限公司为例》

## 编辑委员会

主 任 委 员：段银华　郭俊亮

副主任委员：李广明　李　敏　沈　华　庞　洁

委　　　员：李　强　胡　峰　刘旭光　王怀亮　王　杏

　　　　　　周　永　于迎丰　葛运君　刘　浩　张厂育

　　　　　　杨春燕　李忠齐　陈敏华　林　建　王徐策

　　　　　　王舒平　罗　振

## 编　写　组

主　　　编：庞　洁

副　主　编：于迎丰　杨春燕　王舒平

编　　　者：（按姓氏笔画升序排序）

　　　　　　王红喜　王学锋　王徐策　田　丰　付占军

　　　　　　宁昱华　刘　阳　刘　娟　刘勃兴　李俊玲

　　　　　　杨紫程　何东一　何保国　宋雪昊　张海强

　　　　　　张雪岩　张雪玲　陈雪茹　罗　振　赵金凤

　　　　　　柯显举　耿　亮　张　磊　高　蕾　黄　畅

　　　　　　黄惠玲　梁利强　蒋凯雄　温铭杰　谢海洲

　　　　　　雷建锋

# 序言

　　为深入贯彻习近平总书记"三个转变"重要指示精神，遵循习近平总书记提出的国有企业改革"三个有利于"价值判断标准，践行交通强国及创新驱动发展的国家战略，全面落实深化国有企业改革和转型升级的战略要求，促进国有资产保值增值及全体股东整体利益最大化，有效推动企业资产结构优化和高质量发展，中国中铁高屋建瓴，成功分拆中铁高铁电气装备股份有限公司至科创板上市。

　　白驹过隙，两载耕耘。2021年10月20日，高铁电气在中国中铁的前瞻擘画、中铁电气化局的鼎力支持和中铁电工的悉心指导下，成功登陆科创板，成为中国中铁第一家在科创板上市的公司。回首这两年的经历，面对首次公开招募（Initial Public Offering，IPO）这一全新的课题，我们有成功的经验，也有失败的教训。项目组和高铁电气全体人员坚持在艰难中前行，在实践中摸索，在学习中进步，最终不负重托，完成使命。

　　"万物得其本者生，百事得其道者成。"本书从编撰伊始就以"成一事，得一法"为目标，将项目实施过程中取得的收获和成果固化为工作参考。这既是对一段难忘经历的全面总结，又是对推动后来者工作的美好希冀。

　　国有企业是我们党执政兴国的重要支柱和依靠力量，大有可为，大有作为。期望本书的出版，能够为中国中铁更多兄弟单位开展其他资本运作项目提供有益的参考和借鉴，同心协力推动企业高质量发展。

本书编写组

2022年10月

# 目录

## 第五编 | 申报 145

## 第六编 | 发行 161

第一编

概述及背景

# 第一章

## 概　　述

　　中铁高铁电气装备股份有限公司（简称"高铁电气"）是我国大型综合性建筑企业中国中铁股份有限公司下属子公司，于1958年伴随我国第一条电气化铁路宝成线宝凤段的修建而诞生，前身中铁电气化局集团宝鸡器材有限公司于2007年10月10日由中铁电气化局下属的宝鸡器材厂改制设立。2018年，高铁电气在全国中小企业股份转让系统挂牌新三板，主要从事电气化铁路接触网产品及城市轨道交通供电设备的研发、设计、制造和销售，与国内同行业相比，建厂早、规模大、技术先进、品种齐全、市场覆盖面广，多项产品技术达到国际领先水平，承担建设了一系列国家重大轨道交通项目。根据高铁电气统计的2018—2020年我国高铁及城轨市场供电设备招标及中标情况，以中标金额计算，高铁电气在高铁接触网产品市场占有率约60%，在城市轨道交通供电设备市场占有率约50%。高铁电气先后被授予"国家级企业技术中心""国家知识产权优势企业"及"中国轨道交通自主创新50强企业"等荣誉称号，是我国电气化铁路接触网行业技术标准和试验标准的主要起草单位之一，拥有有效专利291项（其中发明专利53项）、软件著作权7项、核心技术28项。2021年，在上海证券交易所（简称"上交所"）科创板首次公开发行股票并上市（股票代码：SH.688285），营业收入由2019年的12.87亿元增长至14.15亿元，实现净利润1.46亿元。

高铁电气坚持以习近平新时代中国特色社会主义思想为指引，坚定贯彻党的二十大精神，坚持新发展理念，深入践行创新驱动和落实国有企业改革三年行动部署，把握行业发展、对接市场需求、立足自身实际、落实监管要求，以实现高质量发展为目标，紧抓资本市场推出科创板和分拆上市政策的有利契机，通过制定混改规划，引入战略投资者，健全管理体系，建立市场化机制，强化上市管理，成功于2021年10月从中国中铁股份有限公司分拆至上海证券交易所科创板上市，成为科创板发行定价新规的第一单。高铁电气在科创板上市，不仅为推动中国高端制造业发展提供了新保障，为国有企业混合所有制改革提供了新标杆，为当前科创板发行市场的健康发展增添了新气象，同时也为高铁电气进一步巩固在中国电气化轨道交通供电装备领域的行业地位、推动高质量发展和加快推进创新发展提供了新动能，将规范运作提升到了新高度。

第二章
———
# 国有企业深化混合所有制改革的分拆上市管理背景

## 第一节　落实创新驱动发展战略的要求

　　高铁电气科创板上市是深入贯彻落实习近平新时代中国特色社会主义思想和党的二十大精神，落实习近平总书记关于资本市场的一系列重要批示精神的重要举措。随着"新基建""中长期铁路网规划""交通强国"等多个国家战略持续深入，轨道交通供电设备智能制造业市场增量持续释放，高铁电气为了快速适应政策变化和新的市场竞争环境，通过科创板新平台，将资本市场与科技创新更好融合，实现提质增效、创新驱动、绿色低碳、协调共享的企业高质量发展模式。高铁电气以中国证券监督管理委员会（简称"中国证监会"）2019年发布的《关于在上海证券交易所设立科创板并试点注册制的实施意见》（证监会公告〔2019〕2号）和《上市公司分拆所属子公司境内上市试点若干规定》（证监会公告〔2019〕27号，现已废止）为契机，践行习近平总书记视察中国中铁下属公司中铁工程装备集团有限公司时作出的"三个转变"重要指示，即"推动中国制造向中国创造转变、中国速度向中国质量转变、中国产品向中国品牌转变"，进一步落实创新驱动发展战略。

我国已进入高质量发展阶段，面对经济发展新形势、新常态，高铁电气立足国内国际双循环大背景，深入把握双循环格局，以双循环带动双向开放，立足科创板上市，把握市场化改革方向，通过科创板上市平台充分发挥创新驱动作用，实现管理机制、资本机制及市场机制等多重机制的创新，更好地支持行业科技创新，进一步推动企业可持续发展。高铁电气系统掌握轨道交通接触网供电装备的研发、设计、制造和检测等关键核心技术，科研实力雄厚，创新基础完备，借助资本市场提高关键核心技术创新能力，以推动高铁电气高质量发展。通过科创板上市，构建以股权融资为主、债权融资为辅的多元化资本运作平台，进一步强化科技创新体系，如：通过首次公开发行募集资金，投入研发中心建设项目形成国家企业技术中心与联合实验室"两位一体"的研发体系；通过高速铁路接触网装备智能制造项目、轨道交通供电装备智慧产业园建设项目等的实施，促进实体创新发展模式，实现资本运作与实体经济良性互动，形成创新驱动发展新优势。

# 第二节　落实国有企业混改目标的具体举措

混合所有制改革是国有企业改革的重要组成部分，也是推进国有企业市场化改革、推动企业创新发展以及重塑企业竞争力的重要路径，可以有效突破企业发展的瓶颈，为企业打造一个符合现代化企业治理、培育竞争力和创新力的治理体系。中共中央、国务院《关于深化国有企业改革的指导意见》（中发〔2015〕22号）及一系列国有企业改革配套文件发布实施，大力推动国有企业改制上市进程，加快国资国企改革，积极稳妥推进混合所有制改革，不断增强企业发展活力和核心竞争力。

高铁电气从中国中铁分拆至科创板上市，是深入领会习近平总书记关于国有企业改革的重要指示批示精神、落实国有企业改革三年行动、积极运用资本市场工具助力国有企业改革创新发展的具体举措。通过实现科创板上市，高铁电气可以充分利用科创板灵活性、差异化的制度安排和资本市场的创新活力，进一步激发企业发展活力，加快体制机制改革创新，实现企业内部管控层级压缩，将以生产为主的分公司直接转变为分厂等业务单元，行政审批实现内部专业高效的流程化运作，进一步提升决策效率；推进产业结构优化，实现主营业务稳健发展，新兴业务加速产业化；促进在新的经济社会发展环境下适应变局、构建格局、发展新局，持续打造、提升核心竞争力，巩固优势地位，全面提升管理能力、创新能力、经营能力和抗风险能力。

## 第三节　落实企业高质量发展规划行动

国有企业作为党和国家事业发展的重要物质基础和政治基础，要加快落实企业高质量发展规划行动，这一过程应注意以下几方面：

一是符合现代化管理要求。高铁电气科创板上市，有效提升公司治理效能，持续促进体制机制创新、管理创新、制度创新，推动实现多元化股东结构、进一步合理化股权设置，优化治理体系建设，健全监督机制，推动企业现代化建设。

二是符合科技创新发展趋势。科创板作为国家实体经济创新的重要载体和平台，依托其灵活多样的制度安排和创新体系，有效推动资本、科技、产业的有机结合，通过全面对接资本市场主体监管要求、用好各类资本市场支持创新的政策工具，持续强化自身创新主体地位，塑造核心竞争力，保持企业长期增长。

三是符合规模化发展需要。股市是资本市场重要的资源配置场所，高铁电气通过科创板上市，以一个独立性更强、透明度更高的上市公司形象迈向资本市场，能够进一步聚集核心要素、强化主营业务与新兴业务的市场拓展能力，持续提升盈利能力，进一步提升公司品牌与产品品牌，巩固市场竞争优势。

四是符合产融协同发展要求。科创板为企业快捷募集资金、快速推进科研成果资本化带来便利，通过上市，直接从资本市场筹集中长期资金，发挥金融工具多样性优势，助推实体产业与金融有机结合，把产融结合作为助推高质量发展的重要抓手。市场化改革全面推行，由"管企业"转向"管资本"，通过持续信息披露、投资者关系管理、市值管理、资本运作等方式帮助投资者掌握企业经营发展状况，有助于企业自身实现独立估值和价值释放，获得资本溢价，最终实现国有资产保值增值。

第二编

# 分析上市

# 第一章

## 分拆及科创板上市条件

### 第一节　上市公司分拆应具备的条件

根据中国证监会《上市公司分拆所属子公司境内上市试点若干规定》（证监会公告〔2019〕27号，现已废止），上市公司分拆原则上应当同时满足以下条件：

（1）上市公司股票境内上市已满3年。

（2）上市公司最近3个会计年度连续盈利，且最近3个会计年度扣除按权益享有的拟分拆所属子公司的净利润后，归属于上市公司股东的净利润累计不低于6亿元人民币（本规定所称净利润以扣除非经常性损益前后孰低值计算）。

（3）上市公司最近1个会计年度合并报表中按权益享有的拟分拆所属子公司的净利润不得超过归属于上市公司股东的净利润的50%；上市公司最近1个会计年度合并报表中按权益享有的拟分拆所属子公司净资产不得超过归属于上市公司股东的净资产的30%。

（4）上市公司不存在资金、资产被控股股东、实际控制人及其关联方占用的情形，或其他损害公司利益的重大关联交易。上市公司及其控股股东、实际控制人最近36个月内未受到过中国证监会的行政处罚；上市公司及其控股股东、实际控制人最近12个月内未受到过证券交易所的公开谴责。上市公司最近一年及一期财务会计报告被注册会计师出具无保留意见审计报告。

（5）上市公司最近3个会计年度内发行股份及募集资金投向的业务和资产，不得作为拟分拆所属子公司的主要业务和资产，但拟分拆所属子公司最近3个会计年度使用募集资金合计不超过其净资产10%的除外；上市公司最近3个会计年度内通过重大资产重组购买的业务和资产，不得作为拟分拆所属子公司的主要业务和资产。所属子公司主要从事金融业务的，上市公司不得分拆该子公司上市。

（6）上市公司董事、高级管理人员及其关联方持有拟分拆所属子公司的股份，合计不得超过所属子公司分拆上市前总股本的10%；上市公司拟分拆所属子公司董事、高级管理人员及其关联方持有拟分拆所属子公司的股份，合计不得超过所属子公司分拆上市前总股本的30%。

（7）上市公司应当充分披露并说明：本次分拆有利于上市公司突出主业、增强独立性。本次分拆后，上市公司与拟分拆所属子公司均符合中国证监会、证券交易所关于同业竞争、关联交易的监管要求，且资产、财务、机构方面相互独立，高级管理人员、财务人员不存在交叉任职，独立性方面不存在其他严重缺陷。

中国中铁作为高铁电气间接控股股东，符合《上市公司分拆所属子公司境内上市试点若干规定》（证监会公告〔2019〕27号，现已废止）所列示的相关条件，具体情况见表1：

**表1 中国中铁分拆条件符合情况**

| 序号 | 分拆条件 | 是否符合 |
|------|---------|---------|
| 1 | 上市公司股票境内上市已满3年 | 符合：中国中铁于2007年12月3日在上交所上市，上市时间已满3年 |
| 2 | 上市公司最近3个会计年度连续盈利，且最近3个会计年度扣除按权益享有的拟分拆所属子公司的净利润后，归属于上市公司股东的净利润累计不低于6亿元人民币（本规定所称净利润以扣除非经常性损益前后孰低值计算） | 符合：归属于母公司股东的扣除非经常性损益的净利润方面，中国中铁2017年至2019年分别实现为1 579 681.80万元、1 586 346.90万元及1 789 351.50万元，高铁电气分别实现6 882.99万元、7 439.24万元及14 171.28万元，上市公司分拆前后净利润符合分拆条件 |
| 3 | 上市公司最近1个会计年度合并报表中按权益享有的拟分拆所属子公司的净利润不得超过归属于上市公司股东的净利润的50%；上市公司最近1个会计年度合并报表中按权益享有的拟分拆所属子公司净资产不得超过归属于上市公司股东的净资产的30% | 符合：中国中铁2019年实现净利润2 537 826.80万元，2019年末净资产24 547 499.60万元，高铁电气2019年实现净利润17 045.73万元，2019年末净资产64 152.83万元，高铁电气净利润及净资产对应占上市公司比重均未超过分拆条件的规定 |
| 4 | 上市公司不存在资金、资产被控股股东、实际控制人及其关联方占用的情形，或其他损害公司利益的重大关联交易。上市公司及其控股股东、实际控制人最近36个月内未受到过中国证监会的行政处罚；上市公司及其控股股东、实际控制人最近12个月内未受到过证券交易所的公开谴责。上市公司最近一年及一期财务会计报告被注册会计师出具无保留意见审计报告 | 符合：中国中铁不存在资金、资产被控股股东、实际控制人及其关联方占用的情形，或其他损害公司利益的重大关联交易。中国中铁及其控股股东、实际控制人不存在受到证券监管机构处罚的情况。中国中铁2019年财务报告经普华永道中天会计师事务所（特殊普通合伙）审计，并出具标准无保留意见的"普华永道中天审字〔2020〕10066号"《审计报告》 |
| 5 | 上市公司最近3个会计年度内发行股份及募集资金投向的业务和资产，不得作为拟分拆所属子公司的主要业务和资产，但拟分拆所属子公司最近3个会计年度使用募集资金合计不超过其净资产10%的除外；上市公司最近3个会计年度内通过重大资产重组购买的业务和资产，不得作为拟分拆所属子公司的主要业务和资产。所属子公司主要从事金融业务的，上市公司不得分拆该子公司上市 | 符合：高铁电气不属于中国中铁发行股份及募集资金投向的业务和资产，不属于中国中铁通过重大资产重组购买的子公司，且高铁电气并未从事金融业务 |

| 序号 | 分拆条件 | 是否符合 |
|---|---|---|
| 6 | 上市公司董事、高级管理人员及其关联方持有拟分拆所属子公司的股份，合计不得超过所属子公司分拆上市前总股本的10%；上市公司拟分拆所属子公司董事、高级管理人员及其关联方持有拟分拆所属子公司的股份，合计不得超过所属子公司分拆上市前总股本的30% | 符合：目前高铁电气不存在职工持股 |
| 7 | 上市公司应当充分披露并说明：本次分拆有利于上市公司突出主业、增强独立性。本次分拆后，上市公司与拟分拆所属子公司均符合中国证监会、证券交易所关于同业竞争、关联交易的监管要求，且资产、财务、机构方面相互独立，高级管理人员、财务人员不存在交叉任职，独立性方面不存在其他严重缺陷 | 符合 |

# 第二节　科创板上市条件

## 一、科创板定位

### （一）科创板属性

中国证监会2021年发布的《科创属性评价指引（试行）》（中国证券监督管理委员会〔2021〕8号，现已修订）明确规定，支持和鼓励科创板定位规定的相关行业领域中，同时符合下列4项指标的企业申报科创板上市：

（1）最近三年研发投入占营业收入比例5%以上，或最近三年研发投入金额累计在6 000万元以上；

（2）研发人员占当年员工总数的比例不低于10%；

（3）形成主营业务收入的发明专利5项以上；

（4）最近三年营业收入复合增长率达到20%，或最近一年营业收入金额达到3亿元。

根据《上海证券交易所科创板企业发行上市申报及推荐暂行规定（2021年4月修订）》（上证发〔2021〕23号，现已废止），高铁电气符合第五条规定，科创属性同时符合下列4项指标要求，具体情况见表2：

表2 高铁电气科创板上市符合情况

| 科创属性评价标准一 | 是否符合 | 指标情况 |
| --- | --- | --- |
| 最近3年累计研发投入占最近3年累计营业收入比例5%以上，或者最近3年研发投入金额累计在6 000万元以上 | ☑是 □否 | 高铁电气2018年至2020年的研发投入分别为4 030.70万元、4 824.54万元及5 357.77万元，累计14 213.00万元，超过6 000万元 |
| 研发人员占当年员工总数的比例不低于10% | ☑是 □否 | 截至2020年12月31日，高铁电气核心技术人员9人，其他技术研发人员125人，研发人员合计134人，员工总数1 006人，研发人员占员工总数比例为13.32%，不低于10% |
| 形成主营业务收入的发明专利（含国防专利）5项以上 | ☑是 □否 | 高铁电气拥有发明专利25项，PCT专利3项，均用于主营业务 |
| 最近3年营业收入复合增长率达到20%，或者最近一年营业收入金额达到3亿元 | ☑是 □否 | 2020年高铁电气的收入135 457.91万元，超过3亿元 |

（二）行业定位

中国证监会2021年发布的《科创属性评价指引（试行）》（中国证券监督管理委员会公告〔2021〕8号，现已修订）明确规定，支持和鼓励科创板定位规定的相关行业领域中，符合下列情形之一的企业申报科创板上市：

（1）发行人拥有的核心技术经国家主管部门认定具有国际领先、引领作用或者对于国家战略具有重大意义；

（2）发行人作为主要参与单位或者发行人的核心技术人员作为主要参与人员，获得国家科技进步奖、国家自然科学奖、国家技术发明奖，并将相关技术运用于公司主营业务；

（3）发行人独立或者牵头承担与主营业务和核心技术相关的"国家重大科技专项"项目；

（4）发行人依靠核心技术形成的主要产品（服务），属于国家鼓励、支持和推动的关键设备、关键产品、关键零部件、关键材料等，并实现了进口替代；

（5）形成核心技术和主营业务收入的发明专利（含国防专利）合计50项以上。

根据国家统计局《战略性新兴产业分类（2018）》（国家统计局令第23号），高铁电气属于战略性新兴产业之"高端装备制造产业（代码：2）"项下的"轨道交通装备产业（代码：2.4）"中的"铁路高端装备制造（代码：2.4.1）"及"城市轨道装备制造（代码：2.4.2）"。

根据《上海证券交易所科创板企业发行上市申报及推荐暂行规定（2021年4月修订）》（上证发〔2021〕23号，2024年4月已再次修订），高铁电气属于"高端装备领域"之"先进轨道交通"类科技创新企业。

## 二、科创板上市条件

（一）《上海证券交易所科创板股票上市规则（2020年修订）》相关规定

根据上交所2020年12月31日发布的《上海证券交易所科创板股票上市规则（2020年修订）》（上证发〔2023〕128号，2023年8月4日再次修订），发行人申请在科创板上市，应当符合下列条件。

1.**基本条件**

（1）符合中国证监会规定的发行条件；

（2）发行后股本总额不低于人民币3 000万元；

（3）发行的股份达到公司股份总数的25%以上；公司股本总额超过人民币4亿元的，公开发行股份的比例为10%以上；

（4）市值及财务指标符合本规则规定的标准；

（5）本所规定的其他上市条件。

高铁电气本次公开发行股票9 410.00万股，发行后总股本为376 289 913股，发行的股份达到公司股份总数的25.01%，基本条件符合发行条件。

2.**市值及财务指标要求**

发行人申请在本所科创板上市，市值及财务指标应当至少符合下列标准中的一项：

（1）预计市值不低于人民币10亿元，最近两年净利润均为正且累计净利润不低于人民币5 000万元，或者预计市值不低于人民币10亿元，最近一年净利润为正且营业收入不低于人民币1亿元；

（2）预计市值不低于人民币15亿元，最近一年营业收入不低于人民币2亿元，且最近三年累计研发投入占最近三年累计营业收入的比例不低于15%；

（3）预计市值不低于人民币20亿元，最近一年营业收入不低于人民币3亿元，且最近三年经营活动产生的现金流量净额累计不低于人民币1亿元；

（4）预计市值不低于人民币30亿元，且最近一年营业收入不低于人民币3亿元；

（5）预计市值不低于人民币40亿元，主要业务或产品需经国家有关部门批准，市场空间大，目前已取得阶段性成果。医药行业企业需至少有一项核心产品获准开展二期临床试验，其他符合科创板定位的企业需具备明显的技术优势并满足相应条件。

根据大信会计师出具的《审计报告》（大信审字〔2021〕第1-10021号），高铁电气2019年度及2020年度归属于母公司所有者的净利润（扣除非经常性损益前后孰低）分别为13 891.13万元和13 314.99万元，最近两年净利润均为正且累计净利润不低于5 000万元。结合可比公司在境内市场的近期估值情况，基于对高铁电气市值的预先评估，预计高铁电气发行后总市值不低于人民币10亿元。

高铁电气选择适用《上海证券交易所科创板股票上市规则》（上证发〔2020〕101号，现已修订）第2.1.2条第一项上市标准："预计市值不低于人民币10亿元，最近两年净利润均为正且累计净利润不低于人民币5 000万元，或者预计市值不低于人民币10亿元，最近一年净利润为正且营业收入不低于人民币1亿元。"

（二）《科创板首次公开发行股票注册管理办法（试行）》相关规定

根据2019年3月1日中国证监会发布的《科创板首次公开发行股票注册管理办法（试行）》（证监会令第153号，现已修订），发行人申请在科创板上市，应当具备以下发行条件。

**1.业务要求**

发行人业务完整，具有直接面向市场独立持续经营的能力：

（1）资产完整，业务及人员、财务、机构独立，与控股股东、实际控制人及其控制的其他企业间不存在对发行人构成重大不利影响的同业竞争，不存在严重影响独立性或者显失公平的关联交易。

（2）发行人主营业务、控制权、管理团队和核心技术人员稳定，最近2年内主营业务和董事、高级管理人员及核心技术人员均没有发生重大不利变化；控股股东和受控股股东、实际控制人支配的股东所持发行人的股份权属清晰，最近2年实际控制人没有发生变更，不存在导致控制权可能变更的重大权属纠纷。

（3）发行人不存在主要资产、核心技术、商标等的重大权属纠纷，重大偿债风险，重大担保、诉讼、仲裁等或有事项，经营环境已经或者将要发生重大变化等对持续经营有重大不利影响的事项。

2.合规要求

发行人生产经营应符合国家法律法规、行政法规的规定，符合国家产业政策。

最近3年内，发行人及其控股股东、实际控制人不存在贪污、贿赂、侵占财产、挪用财产或者破坏社会主义市场经济秩序的刑事犯罪，不存在欺诈发行、重大信息披露违法或者其他涉及国家安全、公共安全、生态安全、生产安全、公众健康安全等领域的重大违法行为。

董事、监事和高级管理人员不存在最近3年内收到中国证监会行政处罚，或者因涉嫌犯罪被司法机关立案侦查或者涉嫌违法违规被中国证监会立案调查，尚未有明确结论意见等情形。

# 第三节　重点关注

公司申请股票首次发行上市，应当符合科创板定位，面向世界科技前沿，面向经济主战场，面向国家重大需求。科创板优先支持符合国家战略，拥有关键核心技术，科技创新能力突出，主要依靠核心技术开展生产经营，具有稳定的商业模式，市场认可度高，社会形象良好，具有较强成长性的企业。

公司进行自我评估时，应当尊重科技创新规律、资本市场规律和企业发展规律，并结合自身和行业科技创新实际情况，准确理解、把握科创板定位，重点考虑以下因素：

（1）所处行业及其技术发展趋势与国家战略的匹配程度；

（2）企业拥有的核心技术在境内与境外发展水平中所处的位置；

（3）核心竞争力及其科技创新水平的具体表征，如获得的专业资质和重要奖项、核心技术人员的科研能力、科研资金的投入情况、取得的研发进展及其成果等；

（4）保持技术不断创新的机制、技术储备及技术创新的具体安排；

（5）依靠核心技术开展生产经营的实际情况等。

第二章

# 分拆上市流程

## 第一节　国有企业股份制改造

### 一、首次公开发行股票相关要求

中国证监会2019年3月1日发布的《科创板首次公开发行股票注册管理办法（试行）》规定，首次公开发行股票并上市之前，发行人应当是依法设立且合法存续的股份有限公司。发行人自股份有限公司成立后，持续经营时间应当在3年以上。有限责任公司按原账面净资产值折股整体变更为股份有限公司的，持续经营时间可以从有限责任公司成立之日起计算。

若拟改制的有限责任公司现有股东人数符合要求，则可以直接由现有股东发起设立股份有限公司；若拟改制的有限责任公司只有1名股东，则需引入至少1名股东后对公司股权结构进行改组，然后由改组后的股东共同发起设立股份有限公司。

## 二、基本流程

（1）成立工作组；

（2）聘请中介机构；

（3）确定发起人；

（4）进行尽职调查，资产评估与审计；

（5）制订方案，完成方案的内部决策程序；

（6）签署发起人协议和章程草案；

（7）召开创立大会；

（8）设立登记。

## 三、需要重点注意的方面

### 1.折股问题

净资产折股是指将有限公司股改（审计）基准日的经审计的净资产按一定比例折为股本投入股份公司，其余作为股份公司资本公积的过程。在净资产折股的过程中，需要注意以下几点：

（1）净资产折股虽不限制比例，但应注意满足上市板块的最低股本总额要求，即选择主板上市的，发行后股本总额不少于人民币3 000万元。

（2）如股改前公司存在未分配利润为负的情形，信息披露时应着重从原因分析、影响分析、趋势分析、风险因素、投资者保护措施及承诺等方面进行考虑。

（3）净资产折股所依据、参考的审计值或评估值应是由经证券业务备案的会计师事务所、评估机构作出的，否则会成为后续上市的瑕疵，可能需要由有资质的中介机构出具复核意见且中介机构发表明确意见等措施进行补救。

（4）一般情况下，IPO公司股改基准日经审计的账面净资产值若发生调整，既有调高的可能，也有调低的可能。若净资产值被调高，不会影响发行人资本充足性，更不会导致发行人股东出资不实的责任，一般监管机构并不会过分关注。若净资产值被调低，但是未低于折股后的注册资本，并不会造成股改时注册资本的变化，不会影响股东的利益，不会对股改造成实质影响，在该情况下只要调减资本公积并经发行人董事会、股东大会审议确认即可。但在实际案例中，部分公司（如国有公司）不支持调减资本公积。这种情况下通常用公司股改基准日后的未分配利润进行补足，以达到不影响股改的股本及资本公积的目的。

总之，净资产折股是一项比较专业的工作，既是对公司资产和负债的审计确认，又涉及公司改制后股本大小以及股改的规范性问题。因此，对净资产进行折股时应当仔细研判，谨慎考虑。

### 2.公司名称预先核准

公司取得政府主管部门筹备设立股份公司的批复后，应由全体发起人指定的代表向工商登记机关申请名称预先核准，由工商登记机关进行公司名称预先核准。

### 3.上报审核事项

国有企业进行改制时，应根据相关法律、法规以及国有企业资产管理规定，结合自身的实际情况，切实履行好改制、国有股权管理等事项的报批、审核程序，认真履行职责，严防国有资产流失。

国有企业改制须上报国务院国有资产监督管理委员会（简称"国资委"）审批，待国资委批复后，方可实施。上报审核事项主要分为两个部分：国有企业实施股份制改造事项的请示以及国有企业股权管理方案事项的请示。股份制改造期间，公司将审计报告、资产评估及改制方案请示等文件上报上级公司及国资委审批，待批复后予以实施；国有企业股权管理事项确认期间，公司将国有股权管理有关问题的请示、公司国有股权管理方案、国资委关于公司整体改制的批示、整体改制方案等文件上报上级公司及国资委审核审批，待批复后予以实施。

高铁电气于2018年获得国资委批复并完成股份制改造，故本章节不再进行相关详细阐述，仅供尚未实施股改企业参考。

### 四、中介机构参与事项

公司进行股份制改造应在分拆上市启动之前完成。公司股份制改造事宜确定后，资产评估机构、会计师事务所进场开展现场尽职调查工作，通过访谈、查阅资料文件，梳理问题，进行整改。相关事项完成后，资产评估机构、会计师事务所分别出具资产评估报告与审计报告。

## 第二节　分拆上市前期准备阶段

### 一、论证与决策

上市公司分拆子公司上市应紧密结合中国证监会2019年12月14日发布的《上市公司分拆所属子公司境内上市试点若干规定》等法律法规的要求，对分拆的合理性、必要性及可行性进行分析。

### 二、专业机构选聘

公司股票发行上市必须聘请保荐机构、会计师事务所、律师事务所、承销机构。公司在选择上述四家必须聘请中介机构时应注意以下几个方面：

（1）中介机构是否符合证券业务服务相关要求。根据要求，律师、会计师事务所从事股票发行上市业务须具有证券从业资格，证券公司须有保荐承销业务资格。

（2）中介机构的执业能力、执业经验和执业质量。企业在选聘中介机构前须对中介机构的执业能力、执业经验和执业质量进行了解，从而选择具有较强执业能力、丰富执业经验的中介机构，以保证其执业质量。

（3）中介机构是否有良好的声誉。中介机构的声誉实际上是其整体实力的综合反映，良好的声誉是中介机构内在质量的可靠保证。

（4）中介机构选聘方式。公司通常采取招标、竞争性谈判选聘中介机构，确定中介机构时应充分考虑其服务水平、服务能力、服务项目，合理确定服务费用。公司要综合评价考虑各方因素，最终确定中介费用和选聘方式，不宜采取低价方式中标。

（5）项目团队的组建。项目负责人、现场负责人要具有高度的责任心，精深的业务能力，高超的组织能力，对本类型的公司及公司所处的行业较为熟悉。

上市期间公司一般也会根据实际情况聘请财经公关、募投项目环评机构、上市申报材料制作机构等专业机构参与到具体项目中来。

## 三、尽职调查

公司上市事项尽职调查的实施主体应为保荐机构、会计师事务所、律师事务所，由公司协助配合完成。

（一）尽职调查的目的

尽职调查应当做到三点：一是了解公司有无影响发行上市的障碍；二是要梳理出公司存在的影响上市的问题，包括法律、财务、业务等各个方面的问题，并制订整改方案；三是要根据尽职调查的结果评估公司是否符合上市条件，进而制订上市计划。尽职调查一般包括资产评估机构在募股前对发行人的资产评估、募股前财务审计与审核、募股前法律调查与服务、募股前承销人的全面审查工作等。

（二）尽职调查的主要工作

尽职调查清单起草后，保荐机构组织各中介机构开展现场尽职调查工作，主要内容：前往公司现场对接取得公司资料，包括法律、财务等资料，并核查原件；有针对性地访谈沟通公司管理层；查验公司土地、资产信息，并现场走访主要经营场所；查验公司客户及供应商资料，开展对重点客户、供应商的现场走访等事项。

（三）尽职调查的注意事项

1.前期准备

公司沟通尽职调查机构，签署相关保密协议。保密协议签署后，由参与尽职调查的机构向公司发出尽职调查清单，公司应本着实事求是的态度，根据尽职调查清单进行相关材料的准备，细致整理反馈尽职调查中涉及的问题，确保后续项目顺利进行。

2.组织

尽职调查实施过程中，保荐机构总体组织各中介机构开展现场尽职调查工作，及时理顺尽职调查工作思路，审核把握尽职调查方向及结果，各中介机构分工配合，协作完成尽职调查事宜。

3.反馈

对于尽职调查中发现的问题，中介机构应分类汇总，提出整改意见和建议，明确解决思路和整改措施，及时沟通反馈公司。

（四）尽职调查问题整改

尽职调查问题整改在公司上市准备阶段是一项非常重要、繁复且难度较大的工作。在整个整改过程中，根据反馈的问题，公司要制订明确的实施方案、时间节点及责任人，尽快准确地按照中介机构意见及时间节点规划要求，规范整改问题事项，完成尽职调查问题整改工作，避免或消除其可能为公司上市带来的不利影响，为公司顺利推进上市申报工作奠定良好基础。

## 四、起草方案

分拆上市前，公司根据科创板相关规定要求、保荐机构意见建议，结合自身实际情况，起草编写《公司符合上市分拆条件》等分拆相关事项工作方案，《首次公开发行股票并在科创板上市》等相关事项工作方案。

## 五、决策程序

分拆上市准备阶段，分拆公司与被分拆公司应当依法履行相关决策程序，就分拆事项的议案进行决策。

分拆公司、被分拆公司在分拆上市实施之前须同步召开董事会、股东大会就分拆事项相关议案、被分拆公司首次公开发行股票并在科创板上市相关议案进行决策。

分拆公司及被分拆公司应当依照内部规定将分拆事项、发行上市事项提交党委会、总经理办公会履行前置决策程序。

## 六、辅导备案

分拆上市前期准备阶段，保荐机构协助公司开展上市辅导、培训、备案、考试等相关工作。辅导期满评估合格后，保荐机构向地方证监局报送辅导工作总结报告。

## 七、审计

分拆上市前期准备阶段，会计师事务所根据IPO期间审计要求，组织开展公司IPO审计、申报资料准备工作。

## 八、中介机构参与事项

公司分拆上市前准备阶段，中介机构进行现场尽职调查工作，自尽职调查开展开始到尽职调查整改清单出具结束。保荐机构、会计师事务所、律师事务所等中介机构出具尽职调查清单，实施尽职调查工作。尽职调查事项结束后，各中介机构出具尽职调查报告、反馈整改问题、提出整改意见。同时，保荐机构开展上市辅导相关工作，出具报送辅导验收文件。

# 第三节　上市申报阶段

## 一、提交申请

公司申请股票首次发行上市，应当按照规定聘请保荐人进行保荐，并委托保荐人通过上海证券交易所发行上市审核业务系统报送相关发行上市申请文件，如招股说明书、发行保荐书、审计报告、法律意见书、公司章程、股东大会决议等注册申请文件，以及上市保荐书等其他文件。发行上市申请文件的内容与格式应当符合中国证监会和上海证券交易所的相关规定。

## 二、核对资料并受理申请

交易所收到发行上市申请文件后对文件进行核对受理，并告知申请公司及其保荐人，对于发行申请文件与监管审核机构要求不一致的公司应当及时补正。受理申请之前，公司要认真核查申请文件资料，保证与上交所及中国证监会规定要求相符，确保公司顺利进入上市问询审核阶段。

### 三、预先披露

对于申请文件符合要求的，交易所在做出受理决定后会出具受理通知。在受理的当日，公司申请文件中的招股说明书、发行保荐书、上市保荐书、审计报告和法律意见书等文件应当在交易所网站预先披露。同时，发行人应当在预先披露的招股说明书的显要位置声明："本公司的发行申请尚需经上海证券交易所和中国证监会履行相应程序。本招股说明书不具有据以发行股票的法律效力，仅供预先披露之用。投资者应当以正式公告的招股说明书作为投资决定的依据。"

### 四、舆情监控

财经公关公司按照前期沟通约定，对公司IPO过程当中的舆情进行监控，及时反馈沟通舆情信息，制订舆情预警方案及应对预案，提出防范要点和解决措施。

### 五、中介机构参与事项

上市申报阶段，自公司上市相关工作启动开始到正式申报之时，保荐机构协助公司总体组织审核各中介机构上市申报相关文件，整理完善上市申报材料、梳理底稿文件；会计师事务所进行IPO审计、申报资料准备工作，出具IPO审计报告、非经常性损益报告、内部控制鉴证报告、原始与申报差异报告、主要税种税收优惠报告、前期差错更正报告；律师事务所主要进行申报文件的准备工作，梳理完成上市后适用的全套制度、发行三会文件、全套声明承诺文件、律师工作报告，出具法律意见书、鉴证意见、股东穿透核查法律意见书，完善工作底稿；公司财经公关时刻关注上市申报事宜，开展舆情监控工作。

# 第四节　上市问询审核阶段

## 一、问询回复

在公司提交股票发行申请，交易所受理后，公司应当积极准备审核问询事宜，问询发出后，公司可以根据自身实际情况预设一些问题，进行相应的资料准备。收到交易所反馈问询后，公司及其保荐机构要按照交易所发行上市审核机构审核问询要求对问题事项进行必要的补充调查和核查，及时、逐项、按要求回复相关审核问询。

## 二、上交所上市审核委员会会议

问询及回复完成后，由交易所安排提交上交所科创板上市审核委员会审议。审议结束通过，交易所将递交申报及问询阶段材料到证监会注册。

## 三、中介机构参与事项

上市问询审核阶段，自公司申报受理开始到上市委员会会议审核通过之前，保荐机构协助公司对上交所问询事项进行组织答复，各中介机构配合提供资料，补充完善涉及部分材料。保荐机构总体审核问询答复材料，组织进行上市问询问题回复、审核中心问题回复、上市委员会会议问询回复，沟通准备交易所上市委员会会议，完善更新工作底稿；会计师事务所对于涉及问询事项进行答复，出具问询函报告、收入核查报告、审核中心落实函、上市委员会会前问询问题回复；律师事务所对涉及问询事项进行答复，出具问询问题回复函，更新底稿文件；公司财经公关进行持续舆情关注，并及时反馈。

# 第五节  注 册 阶 段

公司发行上市申请通过上海证券交易所的审核后，交易所将同意发行上市的审核意见、相关审核资料和公司的发行上市申请文件通过电子化系统报送中国证监会。中国证监会在注册批复之前对公司相关材料进行审核，视情节提出反馈意见。对于证监会提出的反馈问题，公司及保荐机构应当及时跟进落实并回复。中国证监会作出同意注册的决定后，上海证券交易所将向保荐机构转发中国证监会的注册决定文件。

公司上市注册阶段，从上市委员会会议审核通过到证监会同意注册，保荐机构协助公司沟通交易所，及时反馈证监会注册信息，如遇到证监会反馈问题，需协调各中介机构对问询事项进行专项答复，配合提供资料解释说明。保荐机构进行注册稿、注册问询问题回复工作，出具完整的注册稿材料、对注册问询问题进行回复；会计师事务所进行问题核查反馈工作，出具会后审核报告、对媒体质疑进行核查反馈；律师事务所进行注册稿、注册问询问题回复工作，出具完整注册稿材料、注册问询问题回复；公司财经公关进行持续舆情监控，并及时反馈市场信息。

# 第六节   股票发行承销阶段

中国注册生效后，公司及其保荐机构应及时与上海证券交易所保荐承销管理部门联系，启动发行承销相关工作。

## 一、发行程序

中国证监会同意注册的决定自作出之日起1年内有效，申请公司应当在注册有效期内发行股票。获得证监会同意注册后，公司与主承销商应当及时向上交所报备发行与承销方案。

上交所5个工作日内无异议的，公司与主承销商可依法刊登招股意向书，启动发行工作。公司股票发行前应当在上交所网站和证监会指定网站全文刊登招股说明书，同时在证监会指定报刊刊登提示性公告。

## 二、发行基本流程

公司科创板股票发行基本工作流程如下：

（1）启动发行，刊登公告网下投资者资格确认截止（T-6日，T为新股网上网下发行日）。

（2）网下一对多投资者路演（一般为T-5日）。

（3）网下投资者核查，初步询价，确定价格，战略投资者缴款（T-4至T-3日）。

（4）刊登网上路演公告（T-2日）。

（5）网上路演，刊登发行公告（T-1日）。

（6）网上网下申购（T日）。

（7）刊登网上中签率公告，网上发行摇号抽签，决定是否启动绿鞋机制（T+1日）。

（8）刊登网下初步配售结果、网上中签结果，缴纳认购资金和佣金（T+2日）。

（9）确定配售结果和包销金额（T+3日）。

（10）募集资金划至发行人账户，刊登发行结果公告（T+4日）。

（11）股份登记，上市申请（T+5日至T+7日）。

（12）挂牌上市并举办上市仪式（R日，R为网上路演日）。

### 三、中介机构参与事项

公司股票发行承销阶段，自公司上市通过证监会注册到发行上市之时，保荐机构协助公司开展发行上市相关事宜，准备路演材料，引入战略投资者，制订发行计划，路演及发行缴款等事项，完成底稿归档工作；会计师事务所对公司募集资金进行核查，出具验资报告；律师事务所针对公司发行情况，出具发行法律意见书；公司财经公关持续进行公司发行阶段舆情检测，并及时反馈；公司法定信息披露媒体对公司上市发行各阶段事宜及路演情况进行披露。

# 第三章

# 股 权 激 励

## 第一节　重点适用政策法规

（1）《中华人民共和国公司法》（2023年12月29日修订）（简称《公司法》）；

（2）《中华人民共和国证券法》（2019年12月28日修订）（简称《证券法》）；

（3）《上市公司股权激励管理办法》（2018年8月15日修订）；

（4）《科创板上市公司信息披露工作备忘录第四号——股权激励信息披露指引》（2019年7月12日发布）；

（5）《国有控股上市公司（境内）实施股权激励试行办法》（国资发分配〔2006〕175号）（2006年9月30日发布）；

（6）《关于规范国有控股上市公司实施股权激励制度有关问题的通知》（国资发分配〔2008〕171号）（2008年10月21日发布）；

（7）《中共中央、国务院关于深化国有企业改革的指导意见》（2015年

8月24日发布）；

（8）《关于国有控股混合所有制企业开展员工持股试点的意见》（国资发改革〔2016〕133号）（2016年8月2日发布）（简称"133号文"）；

（9）《企业国有资产交易监督管理办法》（国资委、财政部令〔2016〕第32号）（2016年6月24日发布）（简称"32号令"）；

（10）《关于深化混合所有制改革试点若干政策的意见》（发改经体〔2017〕2057号）（2017年11月29日发布）；

（11）《国有科技型企业股权和分红激励暂行办法》（财资〔2016〕4号）（2016年2月26日实施）（简称"4号文"）；

（12）《国务院国资委授权放权清单（2019年版）》（2019年6月3日发布）；

（13）《关于进一步做好中央企业控股上市公司股权激励工作有关事项的通知》（国资发考分规〔2019〕102号）（2019年10月24日发布）；

（14）《中央企业控股上市公司实施股权激励工作指引》（国资考分〔2020〕178号）（2020年5月30日发布）；

（15）《科创板首次公开发行股票注册管理办法（试行）》（中国证监会令第174号）（2020年7月10日修订）；

（16）《上海证券交易所科创板股票上市规则》（2024年4月修订）；

（17）《上海证券交易所科创板股票发行与承销实施办法》（上证发〔2019〕21号）（2021年9月18日修订）（简称《实施办法》）；

（18）《上海证券交易所科创板股票发行与承销业务指引》（上证发〔2019〕46号）（2019年4月16日发布）（简称《业务指引》）；

（19）《关于规范金融机构资产管理业务的指导意见》（银发〔2018〕106号）（2020年7月31日修订）；

（20）《证券期货经营机构私募资产管理业务管理办法》（中国证监会

令第203号）（2023年3月1日修订）；

（21）《证券期货经营机构私募资产管理计划运作管理规定》（中国证监会公告〔2018〕31号）（2018年10月22日发布）。

# 第二节　重点内容及要求

## 一、股权激励的意义

股权激励是将企业股权的增值权以某种方式授予企业的高层管理人员和核心人员，使他们能够分享企业成长所带来的好处的一种制度安排。实施股权激励的重要性概括起来，主要体现在以下几个方面。

### 1.构建企业的利益共同体

实施股权激励后企业的管理人员和核心人员成为企业的股东，其个人利益与企业利益趋于一致，进而形成企业利益的共同体。管理人员和核心人员成为企业股东后，也会更加注重企业的长远发展和投资收益，可以有效避免员工为个人利益而损害企业整体利益的行为。

### 2.业绩激励

实施股权激励后企业的管理人员和核心人员成为企业股东，具有分享企业利润的权利。经营者会因为自己工作的好坏而获得奖励或惩罚。这种预期的收益或损失具有一种导向作用，会大大提高管理人员、核心人员的积极性、主动性和创造性。员工成为公司股东后，能够分享高风险经营带来的高收益，有利于刺激其潜力的发挥。这就会促使经营者大胆进行技术创新和管理创新，采用各种新技术降低成本，从而提高企业的经营业绩和核心竞争力。

### 3.约束经营者的短视行为

传统的激励方式如年度奖金等对经理人的考核主要集中在短期财务数据，而短期财务数据无法反映长期投资的收益，因而采用这些激励方式，无疑会影响重视长期投资的经理人的收益，客观上刺激了经营决策者的短期行为，不利于企业长期稳定的发展。引入股权激励后对企业业绩的考核不但关注本年度的财务数据，而且更关注企业将来的价值创造能力。此外，作为一种长期激励机制，股权激励不仅能使经营者在任期内得到适当的奖励，并且部分奖励是在卸任后延期实现的。这就要求经营者不仅要关心如何在任期内提高业绩，而且还必须关注企业的长远发展，以保证获得自己的延期收益，由此可以进一步弱化经营者的短期化行为，更有利于提高企业在未来创造价值的能力和长远竞争力。

### 4.留住人才，吸引人才

上市公司实施股权激励计划有利于企业稳定和吸引优秀的管理人才和技术人才。实施股权激励机制一方面可以让员工分享企业成长所带来的收益，增强员工的归属感和认同感，激发员工的积极性和创造性。另一方面当员工离开企业或有不利于企业的行为时将会失去这部分的收益，这就提高了员工离开企业或"犯错误"的成本。因此，实施股权激励计划有利于企业留住人才、稳定人才。

股权激励还是企业吸引优秀人才的有力武器。由于股权激励机制不仅针对企业现有员工，而且为新员工预留了同样的激励条件。这种承诺给新员工带来了很强的利益预期，具有相当的吸引力，可以聚集大批优秀人才。

## 二、股权激励方式

企业根据自身情况，在不同阶段可以通过不同的方式来实施股权激励，如在上市前实施员工持股计划，发行中实施战略配售，上市后可选择股票期权、限制性股票、股票增值权、业绩股票等不同的激励模式。因本书是针对企业IPO环节，故主要阐述企业上市前和发行中的股权激励方式。

（一）上市前实施员工持股计划

**1.根据"133号文"实施员工持股计划**

（1）实施条件。

1）主业处于充分竞争行业和领域的商业类企业；

2）股权结构合理，非公有资本股东所持股份应达到一定比例，公司董事会中有非公有资本股东推荐的董事；

3）公司治理结构健全，建立市场化的劳动人事分配制度和业绩考核评价体系，形成管理人员能上能下、员工能进能出、收入能增能减的市场化机制；

4）营业收入和利润90%以上来源于所在企业集团外部市场。

优先支持人才资本和技术要素贡献占比较高的转制科研院所、高新技术企业、科技服务型企业（统称科技型企业）开展员工持股试点。中央企业二级（含）以上企业以及各省、自治区、直辖市及计划单列市和新疆生产建设兵团所属一级企业原则上暂不开展员工持股试点。

（2）员工范围。参与持股人员应为在关键岗位工作并对公司经营业绩和持续发展有直接或较大影响的科研人员、经营管理人员和业务骨干，且与本公司签订了劳动合同；党中央、国务院和地方党委、政府及其部门、机构任命的国有企业领导人员不得持股。外部董事、监事（含职工代表监事）不参与员工持股。如直系亲属多人在同一企业时，只能一人持股。

根据《关于规范国有企业职工持股、投资的意见》（国资发改革〔2008〕139号），职工入股原则限于持有本企业股权。国有企业集团公司及其各级子企业改制，经国资监管机构或集团公司批准，职工可投资参与本企业改制，确有必要的，也可持有上一级改制企业股权，但不得直接或间接持有本企业所出资各级子企业、参股企业及本集团公司所出资其他企业股权。科研、设计、高新技术企业科技人员确因特殊情况需要持有子企业股权的，须经同级国资监管机构批准，且不得作为该子企业的国有股东代表。

（3）持股比例。员工持股总量原则上不高于公司总股本的30%，单一员工持股比例原则上不高于公司总股本的1%。

（4）股权结构。实施员工持股后，应保证国有股东控股地位，且其持股比例不得低于公司总股本的34%。

（5）入股价格。在员工入股前，应按照有关规定对试点企业进行财务审计和资产评估。员工入股价格不得低于经核准或备案的每股净资产评估值。

（6）股权流转。实施员工持股，应设定不少于36个月的锁定期。在公司公开发行股份前已持股的员工，不得在公司首次公开发行时转让股份，并应承诺自上市之日起不少于36个月的锁定期。锁定期满后，公司董事、高级管理人员每年可转让股份不得高于所持股份总数的25%。

持股员工因辞职、调离、退休、死亡或被解雇等原因离开本公司的，应在12个月内将所持股份进行内部转让。转让给持股平台、符合条件的员工或非公有资本股东的，转让价格由双方协商确定；转让给国有股东的，转让价格不得高于上一年度经审计的每股净资产值。

（7）持股方式。持股员工可以个人名义直接持股，也可通过公司制企业、合伙制企业、资产管理计划等持股平台持有股权。通过资产管理计划方式持股的，不得使用杠杆融资。持股平台不得从事除持股以外的任何经营活动。

根据"32号令"，因国家出资企业与特定投资方建立战略合作伙伴或利益共同体需要，由该投资方参与国家出资企业或其子企业增资，经同级国资监管机构批准，可以采取非公开协议方式进行增资。

**2.根据"4号文"实施员工持股计划**

（1）国有高新技术企业的认定。中国境内具有公司法人资格的国有及国有控股未上市科技企业（含全国中小企业股份转让系统挂牌的国有企业），具体包括转制院所企业、国家认定的高新技术企业，高等院校和科研院所投资的科技企业，国家和省级认定的科技服务机构。

（2）激励对象。

1）激励对象为与本企业签订劳动合同的重要技术人员和经营管理人员，具体包括：

关键职务科技成果的主要完成人，重大开发项目的负责人，对主导产品或者核心技术、工艺流程做出重大创新或者改进的主要技术人员；

主持企业全面生产经营工作的高级管理人员，负责企业主要产品（服务）生产经营的中、高级经营管理人员；

通过省、部级及以上人才计划引进的重要技术人才和经营管理人才。

2）企业不得面向全体员工实施股权或者分红激励。

3）企业监事、独立董事不得参与企业股权或者分红激励。

（3）实施条件。产权明晰、发展战略明确、管理规范、内部治理结构健全并有效运转，同时具备以下条件：

企业建立了规范的内部财务管理制度和员工绩效考核评价制度。年度财务会计报告经过中介机构依法审计，且激励方案制订近3年（简称"近3年"）没有因财务、税收等违法违规行为受到行政、刑事处罚。成立不满3年的企业，以实际经营年限计算。

近3年研发费用占当年企业营业收入均在3%以上，激励方案制订的上一年度企业研发人员占职工总数10%以上。成立不满3年的企业，以实际经营年限计算。

（4）激励标的股权来源。激励标的股权来源有以下几种：向激励对象增发股份，向现有股东回购股份，现有股东依法向激励对象转让其持有的股权。

（5）激励数量。大型企业的股权激励总额不超过企业总股本的5%；中型企业的股权激励总额不超过企业总股本的10%；小、微型企业的股权激励总额不超过企业总股本的30%，且单个激励对象获得的激励股权不得超过企业总股本的3%。

（6）股权转让、捐赠。股权激励的激励对象，自取得股权之日起，5年内不得转让、捐赠，特殊情形按以下规定处理：

1）因本人提出离职或者个人原因被解聘、解除劳动合同，取得的股权应当在半年内全部退回企业，其个人出资部分由企业按上一年度审计后净资产计算退还本人。

2）因公调离本企业的，取得的股权应当在半年内全部退回企业，其个人出资部分由企业按照上一年度审计后净资产计算与实际出资成本孰高的原则返还本人。

在职激励对象不得以任何理由要求企业收回激励股权。

（7）审批程序。企业内部决策机构应当将激励方案及听取职工意见情况，先行报履行出资人职责或国有资产监管职责的部门、机构、企业（简称"审核单位"）批准。

中央企业集团公司相关材料报履行出资人职责的部门或机构批准；中央企业集团公司所属子企业，相关材料报中央企业集团公司批准。履行出资人职责的国有资本投资、运营公司所属子企业，相关材料报国有资本投资、运营公司批准。

（8）行权期限。根据国资委2017年11月10日权威解答分析，股权期权授权日与获授股权期权首次可行权日之间的间隔（即行权限制期）不得少于1年，股权期权行权的有效期不得超过5年。流程如图1所示。

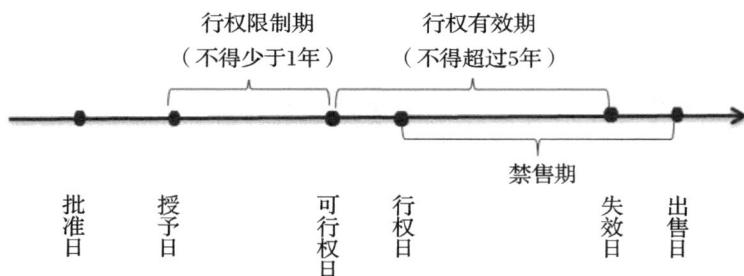

图1　股权期权行权有效期

（9）操作步骤：

1）制订激励方案。内部决策机构负责拟订股权激励方案，激励方案应对激励员工条件、持股比例、入股价格、出资方式、持股方式、股权分红、股权管理、股权流转及员工岗位变动调整股权等操作细节做出具体规定。拟订激励方案时，应当通过职工代表大会或者其他形式充分听取职工的意见和建议。

2）委托中介机构开展审计和评估工作。审计和评估结果经董事会通过后，先行报国资主管部门批复。

3）董事会审议激励方案，并待上述批复完成后，逐级将激励方案报国资主管部门批准。将激励方案及听取职工意见情况，先行报履行出资人职责或国有资产监管职责审核单位批准。

4）审核单位批准企业实施股权和分红激励后，内部决策机构应将批准的激励方案提请股东（大）会审议。

5）具体实施。

6）办理工商变更。

（二）发行中实施战略配售

（1）激励对象人员范围。发行人的高级管理人员与核心员工可以通过设立专项资产管理计划参与企业的战略配售，但激励对象需满足以下条件：

1）在企业及下属企业任职，并与企业或下属企业签订劳动合同且领取报酬；

2）企业高级管理人员或核心人员；

3）激励对象不包括外部董事（含独立董事）、本企业监事（含职工监事），也不包括单独或合计持有企业5%以上股份的股东或实际控制人及其配偶、父母、子女。

（2）合格投资者要求。通过专项资产管理计划参与战略配售的高级管理人员与核心员工，需要满足合格投资者要求。合格投资者是指具备相应风险识别能力和风险承担能力，投资于单只资产管理产品不低于一定金额且符合下列条件的自然人和法人或者其他组织：

1）具有2年以上投资经历，且满足以下条件之一：家庭金融净资产不低于300万元，家庭金融资产不低于500万元，或者近3年本人年均收入不低于40万元。

2）最近1年末净资产不低于1 000万元的法人单位。

3）金融管理部门视为合格投资者的其他情形。

合格投资者投资于单只固定收益类产品的金额不低于30万元，投资于单只混合类产品的金额不低于40万元，投资于单只权益类产品、单只商品及金融衍生品类产品的金额不低于100万元。

（3）激励对象限制。如果存在下列行为之一的，则不应该成为激励对象：

1）最近12个月内被证券交易所认定为不适当人选的；

2）最近12个月内被中国证监会及其派出机构认定为不适当人选的；

3）最近12个月内因重大违法违规行为被中国证监会及其派出机构行政处罚或者采取市场禁入措施的；

4）具有《公司法》规定的不得担任公司董事、高级管理人员情形的；

5）依据法律法规及有关规定不得参与上市公司股权激励的；

6）中国证监会认定的其他情形。

（4）配售数量。通过专项资产管理计划获配的股票数量不得超过首次公开发行股票数量的10%。任何一名激励对象通过全部在有效期内的激励计划获授的本公司股票累计不得超过公司股本总额的1%。

（5）配售价格。配售价格应与发行价格一致，由发行人和主承销商通过向符合条件的网下投资者询价后确定。

（6）限售期限。激励对象应当承诺获得本次配售的股票持有期限不少于12个月，持有期自本次公开发行的股票上市之日起计算。

（7）解除限售条件。限售期满，企业及激励对象同时满足下列条件时，激励对象获授的股票方可解除限售：

1）公司治理结构规范，股东大会、董事会、经理层组织健全，职责明确。外部董事（含独立董事，下同）占董事会成员半数以上；

2）薪酬与考核委员会由外部董事构成，且薪酬与考核委员会制度健全，议事规则完善，运行规范；

3）内部控制制度和绩效考核体系健全，基础管理制度规范，建立了符合市场经济和现代企业制度要求的劳动用工、薪酬福利制度及绩效考核体系；

4）发展战略明确，资产质量和财务状况良好，经营业绩稳健；近三年无财务违法违规行为和不良记录；

5）证券监管部门规定的其他条件。

根据企业实际情况，发行人还应设置解除限售期内的企业业绩考核目标和激励对象绩效考核目标，相关目标均达成后，方能逐步按比例解除限售。

（8）考核指标的设置。企业应当建立完善的业绩考核体系，结合企业经营特点、发展阶段、所处行业等情况，科学设置考核指标，体现股东对企业经营发展的业绩要求和考核导向，原则上应当包含以下三类考核指标：

1）反映股东回报和公司价值创造等综合性指标，如净资产收益率、总资产报酬率、净资产现金回报率（EOE）、投资资本回报率（ROIC）等。

2）反映企业持续成长能力的指标，如净利润增长率、营业利润增长率、营业收入增长率、创新业务收入增长率、经济增加值增长率等。

3）反映企业运营质量的指标，如经济增加值改善值（ΔEVA）、资产负债率、成本费用占收入比重、应收账款周转率、营业利润率、总资产周转率、现金营运指数等。

（9）对标企业的选取。企业应当同时采取与自身历史业绩水平纵向比较和与境内外同行业优秀企业业绩水平横向对标的方式确定业绩目标水平。

1）选取的同行业企业或者对标企业，均应当在股权激励计划或者考核办法中载明所属行业范围、选择的原则与依据及对标企业名单。

2）对标企业在权益授予后的考核期内原则上不调整，如因对标企业退市、主营业务发生重大变化、重大资产重组导致经营业绩发生重大变化等特殊原因需要调整的，应当由董事会审议确定，并在公告中予以披露及说明。

# 第三节　重　点　关　注

## 一、上市前实施员工持股计划

（一）需要关注的问题

**1.根据"133号文"实施员工持股计划需要关注的问题**

（1）企业是否进入试点名单。根据"133号文"的要求，国有控股企业进行混改需先行进入国企混改试点名单。鉴于该文件公布后国资委每年公布一批试点，2019年5月第四批混改试点名单刚公布。

2018年8月，国务院国企改革领导小组办公室印发《国企改革"双百行动"工作方案》（国资发研究〔2018〕70号）。国企改革"双百行动"共确定中央、地方国企逾400家。中国中铁2018年8月17日发布的临时公告显示，中国中铁股份有限公司3家下属子公司——中铁九局集团有限公司、中铁二院工程集团有限责任公司和中铁国际集团有限公司被纳入本次国企改革"双百企业"名单。

企业是否进入上述名单范围，是根据"133号文"实施员工持股计划需要重点关注的问题之一。

（2）企业的主业、股权结构、关联交易占比等是否满足"133号文"相关规定。

**2.根据"4号文"实施员工持股计划需要关注的问题**

（1）企业内部财务管理制度、员工绩效考核评价制度、研发费用占比及研发人员占比等情况是否符合"4号文"相关规定。

（2）依据"4号文"实施员工持股计划的成功案例较少，可借鉴的经验相对匮乏，对企业具有一定挑战性。企业应先咨询上级部门是否可按照"4号文"启动混改工作。在计划实施过程中，企业需做好与相关部门的沟通协调工作。

（二）审批权限

根据《国务院国资委授权放权清单（2019年版）》的要求："中央企业审批所属企业的混合所有制改革方案（主业处于关系国家安全、国民经济命脉的重要行业和关键领域，主要承担重大专项任务的子企业除外）。"中央企业有权审批其所属企业的混合所有制改革方案。在实践中，企业若想实施员工持股计划，须就审批权限的事项提前咨询国资主管部门或上级有关单位，并按要求做好备案工作，以免影响计划实施。

（三）激励方式的选择

根据国资委2017年11月10日权威解答分析，同时符合"133号文"和"4号文"的国有科技型企业，可自主择一实施，不可以同时开展。主要考虑，国有控股混合所有制企业员工持股试点政策实质是允许员工购买企业股权，与《实施办法》股权激励的标的来源是一致的，即都是企业股权。因此，企业可按照自身发展要求和发展战略，实施不同的政策，但不可以同时开展员工持股试点和股权激励，避免重复激励。

（四）实施周期

企业需通过混改程序引入投资人及员工持股计划，除需相关部门审批外，还需要依据"32号令"的规定进场交易，实施期间预计较长，而由于申报基准日后不允许增资，因此员工持股计划的实施影响IPO申报基准日的确定。

企业要有明确的未来发展战略规划，提前布局，在上市前尽早实施员工持股计划，以免影响IPO进程。

（五）员工持股退出机制

锁定期结束后，当市场上股价高于企业内部定价时，大多数员工会立即抛售股份，大量股份流出会造成企业资产流失。

企业应量身定制员工持股的锁定期。小份额的持股员工适合相对宽松的锁定期限，而针对企业的技术和核心人员，应当规定较长的锁定期限以避免人才流失。

## 二、发行中实施战略配售

（一）合格投资者要求对激励对象范围的影响

企业通过实施战略配售来进行股权激励，则激励对象需满足合格投资者要求，但因合格投资者要求的门槛较高，满足条件的员工人数可能会较少，激励范围较小，可能达不到预期的激励效果。

因此，企业若要在发行中实施战略配售，还需提前就合格投资者要求做好激励对象的资格核查工作，以免实施后激励范围过小，达不到预期效果。

（二）核心人员的确定

实践中，对于企业核心人员范围没有明确规定，企业可根据工作岗位、工作内容等相关条件来确定。对于本单位核心人员的界定，可设置以下条件：

（1）公司中层管理骨干，即对公司经营业绩和持续发展有直接影响的公司管理人员。

（2）核心专业技术骨干，包括核心技术人员、核心经营人员、技能人员及获得特殊荣誉人员。

（三）考核指标的合理性

企业在设置业绩考核指标及激励对象绩效考核目标时，应结合实际，从战略规划出发，兼顾考核指标的科学性、合理性及可操作性，能够对企业及激励对象做出较为准确、全面的综合评价。避免因指标过高或过低，无法达到预期效果。

第三编

# 发 展 规 划

第一章
——————

# 发展战略规划

## 第一节　重点适用政策法规

（1）《中长期铁路网规划》（发改基础〔2016〕1536号）（2016年7月13日发布）；

（2）《交通强国建设纲要》（2019年9月19日发布）；

（3）《战略性新兴产业形势判断及"十四五"发展建议》（2020年11月10日中国工程院发布）。

## 第二节　重点内容及要求

### 一、战略规划的意义

公司在IPO上市前，企业战略规划需要向资本市场清晰传递自身战略定位、商业模式以及相对明确的发展前景，以主动管理资本市场对公司价值实现的预期，确立产融互动的战略思维，将战略管理与市值管理有机统一，以求实现企业价值的倍增。

## 二、战略规划的制定思路

公司明确企业任务，综合分析企业发展内外部环境，理清企业发展优劣势，思考市场方向和业务上升空间，结合这些思路和方法制定自身战略规划。规划的制定主要包括六部分：

第一部分：企业基本情况，重点介绍公司的工商信息、历史沿革、行业特点、产品定位、产权结构、组织机构等。

第二部分：上一个规划期发展情况，一般包括经营指标完成情况、市场开发情况、科技创新、人才建设、资本运作、组织管理、生产能力、产业结构、财务管理、党建、存在不足等。

第三部分：环境分析，包括对国家、行业及所在产业链环境的分析，对企业所面临的机遇与挑战、优势与劣势、竞争对手分析等。

第四部分：战略蓝图，一般包括战略规划的指导思想、使命与愿景、总体战略及目标、业务战略及目标等。其中战略目标的确立需考虑企业自身发展潜力挖掘、竞争对手压力、行业平均增长水平、企业家管理要求四个维度。

第五部分：重点举措，重点描述基于战略目标达成的各业务板块子规划，一般包括市场开发、科研创新、人才建设、智能制造、成本管控、智能智造、组织管理、体制机制建设、资本运作、市值管理、企业文化建设、依法治企、党建工作、科技引领等。

第六部分：战略执行，一般包括目标分解及举措落实、执行监控、规划修订等。

# 第三节　重点示例

## 一、公司整体发展战略

公司在制定"十四五"发展规划的过程中，从党的建设、市场经营、科研创新、智能制造、资本运作、法律合规、人力资源等十个方面，科学筹划了公司上市后五年各业务板块的发展目标和整体发展蓝图。以"提供'绿色、安全、智能'轨道交通牵引供电产品和服务"为使命，以"打造世界一流的牵引供电装备制造商和系统方案服务商"为愿景，在我国的高速铁路网和多样化城市轨道交通体系正处于高速建设、持续完善的重要时期，基于国家政策的指引及公司积累的科研成果，公司以国家政策和市场需求为导向，以深化改革为重点，以巩固和提升轨道交通牵引供电领域研制技术先发优势为目标，重研发拓市场强管理，提质量促增长铸品牌，引资本、优结构、控风险，巩固公司在我国电气化铁路和城市轨道交通供电装备领域高质量发展的引领者地位。

根据国家轨道交通发展趋势，结合发展现状，公司计划对现有厂区进行智能提级和增效改造，强化信息化平台和管理系统相互融合，全面提升生产制造水平和信息化水平，实现智能制造；同时不断加大科研投入，完善企业运营能力建设，进一步巩固公司的行业龙头地位。公司将围绕"中长期铁路网规划""交通强国""高铁走出去"及"新基建"等国家战略，密切跟踪市场新动向，准确把握市场新机遇，提高发展质量，全面提升管理水平和创新能力，全力打造轨道交通牵引供电系统的"中国标准"，使企业的整体实力进一步加强，系统服务能力进一步提升，核心竞争力进一步凸显，努力向世界一流轨道交通牵引供电系统产品制造商和系统方案服务商的愿景迈进，成为"轨道交通供电装备技术创新的引领者""轨道交通智能施工运维的推动者""绿色低碳发展的践行者"。

## 二、为实现战略规划拟采取的措施

为了更好地实现公司的战略规划，公司将采取以下具体的计划与措施：

（一）聚焦科研创新攻关，稳固引领地位

公司将重点优化升级针对不同工况环境等条件的现有普速、客专铁路接触网系列装备，简化、统一接触网主要安装结构和零部件型式，巩固既有体系的技术竞争力，牢牢把握中国标准应用的领军地位；结合运营提速需求，进一步提高系统产品运行可靠性和抗灾能力，并满足设备少维护的运营需求；紧密跟进400 km/h高速铁路接触网系统技术及600 km/h高速磁悬浮供电的前沿研究，抢占行业技术制高点，全面提升自主创新能力；打造更全面的产品体系，形成从设计、生产、安装到维护的一揽子解决方案等。

（二）把握政策动向，扩大销售规模

公司将在现有的销售体系基础上，深化市场推广，重点关注国内的城际铁路、市域铁路、支线铁路、综合枢纽、中西部铁路及城市轨道交通领域项目，提升市场占有率；积极探索海外的市场需求，依托"高铁走出去"等政策，参与我国高铁的海外项目建设，提高海外市场营收。公司也将结合研发成果，持续推进研发成果的产业化，丰富产品体系，为业绩持续提升提供基础。

（三）加快智能制造步伐，增强竞争优势

通过募集资金投资项目，公司将对现有厂区进行智能化改造，提升生产效率和精益化生产水平；梳理现有的成熟工艺，在此基础上结合生产需求建立智能化的生产体系，实行协同设计与工艺仿真，缩短产品的设计、试制周期；实现工序自动化与生产环节的实时管理，加强设备点检、生产信息、产品追溯、能耗信息等生产现场管理能力；综合分析公司产品及工艺特点，进行产品分类，形成适应公司产品的柔性加工单元，从而实现产品单元化生产。

（四）优化人力资源配置，落实人才战略

公司将坚持校园招聘、人才引进和自主培养多管齐下原则，以公司发展战略需求为目标，多措并举，建立雇主品牌，吸引高水平人才加入。公司计划通过外聘专家或现有高级人才带队建立专家工作室，从而拓宽技术骨干的培养途径，通过组建技术专家队伍，搭建人才培养平台，加大培养力度，提高全员整体职业素养；打通人才发展通道、激发员工内生动力，通过专业的培训体系和工作指引，开展考试类制度培训、活动类文化培训、案例分析类专业技术培训、研讨类管理培训等多种形式，丰富员工的职业技能，在帮助员工成长的同时提升企业的人力资源效能。

（五）充分利用资本市场，加快发展速度

公司将借助资本市场平台优势，提升自身的品牌形象和知名度，拓宽公司融资渠道，降低资金成本。公司作为行业龙头企业，将适时考虑与具有技术资源和研发能力的公司开展股权投资等形式的合作，增强公司的竞争力；继续重视并加强在资本市场的推广，提升信息披露质量和水平，传播塑造良好的企业价值和企业形象，提高企业品牌价值影响力。

第二章

# 募 投 项 目

## 第一节　重点适用政策法规

（1）《中华人民共和国国民经济和社会发展五年规划纲要》（简称《五年规划》）；

（2）《鼓励外商投资产业目录》（2024年6月26日修订）；

（3）《产业结构调整指导目录（2024年本）》（2023年12月27日公布）；

（4）《政府核准的投资项目目录》（国发〔2016〕72号）（2016年12月20日发布）；

（5）《企业投资项目核准和备案管理条例》（2016年12月14日发布）；

（6）《企业投资项目核准和备案管理办法》（2016年12月14日发布）；

（7）《中华人民共和国行政许可法》（2019年4月23日修订）；

（8）《中华人民共和国环境影响评价法》（2018年12月29日修订）；

（9）《建设项目环境保护管理条例》（2017年7月16日修订）；

（10）《建设项目环境影响评价分类管理名录（2021年版）》（2020年

11月30日发布）；

（11）《环境影响评价公众参与办法》（2018年7月16日发布）；

（12）《生态环境部建设项目环境影响报告书（表）审批程序规定》（生态环境部令第14号）（2020年11月23日发布）；

（13）《公开发行证券的公司信息披露内容与格式准则第41号——科创板公司招股说明书》（证监会公告〔2019〕6号）（2019年3月1日发布）；

（14）《公开发行证券的公司信息披露内容与格式准则第42号——首次公开发行股票并在科创板上市申请文件》（证监会公告〔2019〕7号）（2019年3月1日发布）。

# 第二节　重点内容及要求

企业通过IPO或再融资募集来的资金所投产的项目，称作募投项目。募集资金运用是企业IPO申请上市的招股说明书核心内容之一，是体现企业资金需求、用途以及向证监会和投资者展示企业未来发展规划与前景的重要窗口，也是证监会审核阶段非常关键的环节。因此科学规划、合理设计IPO募投项目对于企业首次公开发行股票并成功上市至关重要。

本节重点从基本原则、关注要点、应规避的问题、相关程序及内容来论述IPO募投项目规划设计工作。

## 一、基本原则

在我国现阶段的证券市场中，中国证监会规定IPO募集资金应当有明确的用途，因此，企业在规划设计募投项目时应遵循以下基本原则：

（1）募集资金投向应符合国家基本的产业政策，符合固定资产投资、环境保护、土地管理、安全健康方面的法规要求。在规划设计募投项目之前，企业应认真研究国家现阶段的产业政策，重点参照国家层面的近期《五年规划》、发改委颁布的《产业结构调整指导目录（2024年本）》、商务部颁布的《鼓励外商投资产业目录》以及国资委最新发展改革方面的政策和导向要求，充分了解当前国家重点鼓励发展的产业、产品、设备和技术工艺，所在行业的发展方向，以及国家明确限制或禁止、淘汰的领域、产品、设备和技术工艺等。

（2）募集资金投向应符合公司战略规划、专业化的主营方向。企业的募投项目应与企业长远战略规划和发展目标相一致，并有助于实现自身制定的发展战略。企业应清楚自身的经营现状、制约因素和未来的发展目标，并充分考虑宏观经济、市场前景、产业周期的变化规律等诸多因素，统筹规划募投项目。对于确实需要选择跨行业的投资项目，应认真分析、充分研究、谨慎对待。

## 二、关注要点

### （一）关注项目实施的迫切性

（1）募投项目是实现公司发展战略和长远规划的需要；

（2）公司自有资金不足以支持募投项目的实施。

### （二）关注项目实施时机的选择

（1）所有法律法规所需要的批准文件已办理完毕或有完毕的合理预期；

（2）应在申报前完成项目的审批、核准和备案；

（3）应在申报前取得募投项目所需土地（至少签订土地转让协议）；

（4）应在申报前取得环保批文；

（5）募投项目产品应取得必要的市场进入资质，如生产许可证、产品认证证书等；

（6）募投项目建设期和达产期不宜过长，一般应在3～4年内完全达产，并且要注意长期投资项目与中短期投资项目的匹配；

（7）外部环境：应关注同行业竞争对手的投资动向，对整个行业竞争发展格局应了然。

（三）关注投资的有效性

（1）产能利用充分，不存在产能有较大闲置的情况；

（2）新增固定资产投资规模与企业实际需求相匹配；

（3）对企业生产效率有显著提高作用。

（四）投资风险的可控性

（1）募投项目投资规模与公司生产、经营水平相适应；

（2）市场销售预期稳定。

（五）投资项目的可行性

1.生产技术分析

（1）公司已掌握募投项目产业化技术；

（2）公司已有足够的管理人员、专业技术人员来保证项目的顺利实施；

（3）公司能保证募投产品所需核心零部件的采购，有足够的能力采购到所需要的重要原材料。

2.盈利前景

（1）募投产品有足够的市场容量；

（2）募投产品有比较优势或某种适销性；

（3）公司有消化新增产能的营销措施（网络、销售信用政策）。

三、应规避的问题

1.尽量减少非收益性募投项目

非收益性募投项目，也就是纯成本性支出的募投项目应当减少。一方面，费用性支出大，会对公司整体的收益形成较大冲减，影响公司收益和经营性现金流，不利于企业估值定价；另一方面，成本性募投项目的实施不利于企业展现竞争优势，暂时未盈利的企业仍然要注重资金使用的效率，科创板虽然可以接纳暂时未盈利的企业，但仍然需要上市企业努力实现盈利，完成投资回报。

注重资金使用效率，实现快速盈利是科创板对于募集资金使用的重要准绳。

2.尽量规避并购类项目

因科创板审核周期较短，若没有迫切的需求和充分的论证，一般不建议将拟上市企业的募集资金运用于并购类项目，因为并购类项目的前期论证、尽职调查、并购程序、收购价格及信息披露等均比较复杂，而且要取得被收购方一年一期的财务报表，周期较长，不确定性因素较多，上市进程难以把控。企业筹划上市时，若非必要，尽量规避募集资金用于并购类项目。证监会曾明确表示，不鼓励将募集资金用于收购实际控制人、控股股东及关联方资产，包括通过此手段解决同业竞争问题。

## 四、相关程序及内容

募投项目规划一般经历募集资金额度确定、募投项目规划设计、可行性研究报告撰写、项目审核与备案、环评与批复等五个程序。

### （一）募集资金额度确定

科创板IPO是以市值为中心，实施注册制，首次公开发行股票的价格是通过市场化的询价方式确定的。募集资金总额与发行市盈率、公司市值相关，是一个动态的变数，只能估算出一个大致的额度。从估值和发行比例反推募集资金总额，测算公式如下：

募集资金总额＝净利润×发行市盈率×发行比例＝发行价格×发行股数

募集资金净额＝发行价格×发行股数-发行费用

（1）发行比例。公司股票发行数量一般根据计划的募集资金金额和预计股票发行价进行测算，并应符合以下要求：公司股本总额不超过人民币4亿元的，公开发行的股份应达到发行后公司股份总数的25%以上；公司股本总额超过人民币4亿元的，公开发行股份应达到发行后公司股份总数的10%以上。

（2）发行人净利润。一般结合报告期最后一年实际业绩情况以及未来一年业绩增长情况综合确定。

（3）发行市盈率。一般根据中证指数有限公司发布同行业二级市场市盈率，并参照近期同行业可比公司发行市盈率等综合研究确定。

（4）发行价格。一般由发行人净利润和发行市盈率确定发行人估值，根据首发比例和发行数量即可得出发行价格。

从实践经验来看，尽量将募投项目所需资金设计得稍大些，以防修改募投项目后其金额无法满足规定的最低发行数量所募集的金额。如果IPO募集资金不够，则可运用自筹资金进行补充。企业应与保荐机构根据公司的估值合理测算募集资金额度。

（二）募投项目规划设计

募投项目是业务战略实施的抓手，是估值的核心。科创板制度明确要求募集资金应主要用于主营业务，应是公司未来收益的重要依托。因此，募投项目要紧紧围绕公司的主营业务和未来业务战略进行布局，既要体现近期利润与现金流，又要适度展现公司未来中长期的技术战略布局。

1.实施主体

募投项目实施主体通常为发行人本身，或者发行人的全资子公司，较少存在由发行人控股子公司实施的情况。若由发行人子公司实施募投项目，可以通过对子公司增资的方式实行。

在实践操作中，募投项目实施主体为控股子公司的，一般以两种方式实施：一是以增资的方式，其他少数股东可按股权比例同比例增资；二是若少数股东不愿同比例增资，可出具放弃同比例增资函，由发行人独自增资。

2.投资方向

根据科创板的科创属性要求，应服务于实体经济，符合国家产业政策，主要用于主营业务，投向科技创新领域。募集资金投向不得用于持有交易性金融资产和可供出售金融资产，借予他人、委托理财等财务性投资和类金融业务。《公开发行证券的公司信息披露内容与格式准则第41号——科创板公司招股说明书》第九节第八十三条明确规定：发行人应结合公司现有主营业务、生产经营规模、财务状况、技术条件、管理能力、发展目标合理确定募集资金投资项目，相关项目实施后不新增同业竞争，对发行人的独立性不产生不利影响。发行人应披露其募集资金使用管理制度，以及募集资金重点投向科技创新领域的具体安排。

实践中，对于制造企业的IPO募投项目主要投资方向通常包括提级扩能（扩张产能）产业化、全新产品生产、增加或建设营销网络、建设研发中心、补充流动资金和偿还贷款等方向。一般不建议只编写一个募投项目，否则过于单薄。

（1）提级扩能（扩张产能）产业化。募投项目投向应以提级扩能（扩张产能）产业化为重点，企业应详细分析行业现状、客户需求、市场空间和发展趋势，根据现有的生产能力、已掌握的技术工艺和管理人员，充分评估提级扩能（产能扩张）募投项目，防止产能过剩。项目建设期限一般为1～2年，具体项目个数根据公司自身经营发展需要确定。提级扩能（扩张产能）项目一般是企业未来重要的利润增长点，能增强企业可持续盈利能力，因此，此部分投资金额占募集资金比例一般较高。这也是大多数拟上市企业普遍的做法。

（2）全新产品生产。企业应谨慎将募集资金大比例投资于全新产品。新产品在技术、生产、销售等方面存在诸多不确定因素，存在一定的风险，审核问询阶段也可能会面临一定的质疑。因此，发行人拟投资全新产品项目时需谨慎，若没有十足的把握，投资金比例不宜过高，建议不超过募集资金总额的三分之一，投资回报期不应太长，若涉及资质的，一定要取得相关资质，保证新产品顺利投产及经营效益。

（3）增加或建设营销网络。增加或建设营销网络要进行充分的市场调查和研究论证，不宜大规模铺网。根据现有的营销渠道，结合公司已有的客户资源以及潜在的目标市场进行开发，循序渐进，一般是划分为大区，至于房产是租赁还是购买，要根据公司未来的发展规划而定。

（4）建设研发中心。企业应根据现有的技术研发水平、创新能力、公司发展需要及未来前沿技术发展趋势决定是否设计建设研发中心项目。研发中心建设项目不直接产生收益，未来收益也很难衡量，若公司设置此类项目，应说明相关研发储备资金的具体用途、储备项目、研发概算、时间安排和进度，以及其发行人现有主要业务、核心业务之间的关系等。

建议公司投入募集资金的比例不要过高，一般以不超过20%为宜，建设期限建议为1～2年。

（5）补充流动资金和偿还贷款。近两年，随着经济的下滑，企业经营越发艰难，监管层对募集资金用于归还贷款和补充流动资金的比例监管尺度有所放宽。参照上市公司再融资监管要求，一般补充流动资金和归还贷款所占募集资金比例以不超过30%为宜（也有少部分科创板上市公司补充流动资金比例已超过30%的情况），可根据当时的经营环境和窗口指导意见确定。补充流动资金和偿还贷款比例需按照中国证监会发行部对补充流动资金进行测算。另外，募集资金用于支付人员工资、货款、铺底流动资金等非资本性支出的，视同补充流动资金。资本化阶段的研发支出不计入补充流动资金。

3.效益测算

企业应充分论证所选择募投项目的科学性、合理性和必要性，结合现有的主营业务、经营规模、财务状况、技术条件、管理能力和发展目标合理设计好募投项目种类、数量和投资金额。在预计效益测算的基础上，与现有业务的经营情况进行纵向对比，其市场前景分析应和业务与技术的相关数据保持一致，不能互相矛盾，并注重以下效益数据：

（1）应说明增长率、毛利率、预测净利率等收益指标的合理性，或与同行业可比公司的经营情况进行横向比较，说明增长率、毛利率等收益指标的合理性。

（2）应明确收入成本预测模型、现金流量预测模型和效益测算等数值。

（3）投资效益的测算应以公司现状为基础，并综合考虑公司未来盈利实现情况。

（4）原则上内部收益率（IRR）不低于公司的净资产收益率（ROE），且一般不低于同行业的ROE。

（5）研发中心、营销网络、补充流动资金一般不计算效益。

（6）投资回收期不宜太长，扣除建设期外，一般控制在3～5年。

（三）可行性研究报告撰写

募投项目可行性研究报告是公司完成IPO上市前募投项目备案、核准，并与券商对接，为企业招股说明书提供必要支持的书面报告，在上市过程中扮演重要的角色，要经得起监管层和广大投资者的检验。企业应高度重视募投项目可行性研究报告的撰写工作，充分组织好相关协助部门。

募投项目可研报告可以通过咨询或由专业咨询机构编写。前期专业机构需要对募投项目内容进行详细的调研，根据企业相关部门同步提供的项目资料，进行全面、准确、及时的内容撰写，并保证可研报告的撰写质量。

可行性研究报告应从宏观政策、建设必要性、可行性、行业与市场现状及发展趋势、市场预测、主要竞争能力分析（优势分析）等多方面进行分析论述，并根据产品方案、设备清单、建筑明细、定员、原辅材料消耗等基础财务数据搭建财务模型，测算项目投资、收益情况等。可行性研究报告涉及的内容以及反映情况的数据，必须绝对真实可靠，不允许有任何偏差及失误，其中所运用的资料、数据，都要经过反复核实，以确保内容的真实性。预测以及论证须保证科学性、严密性。

（四）项目审核与备案

随着经济体制改革的不断深入，募投项目的审批权限逐渐下放。根据《国务院关于投资体制改革的决定》（国发〔2004〕20号），企业不使用政府性资金投资的建设项目，从维护社会公共利益的角度，政府仅对关系国家安全、涉及全国重大生产力布局、战略性资源开发和重大公共利益等项目实行核准管理，具体项目范围以及核准机关、核准权限依照《政府核准的投资项目目录》执行。其他项目无论规模大小均实行备案管理。

企业根据募投项目建设地点、涉及的行业、投资规模，依据《中华人民共和国行政许可法》《企业投资项目核准和备案管理条例》和《企业投资项目核准和备案管理办法》等相关法规及各省、自治区、直辖市、计划单列市人民政府制定的本行政区域内的项目备案管理办法，按照属地原则，实行分级备案。募投项目的备案需到不同层级的发改委或投资主管部门备案（按照地方企业投资项目核准和备案管理办法）。筹划上市募投项目时，企业需提前与当地备案部门，如发改委、经发局等进行沟通，详细了解备案流程、时间节点及备案所需文件资料等，做到心中有数。

实行备案管理的募投项目，在开工建设前需通过各省投资项目在线审批监管平台（简称"在线平台"）将相关信息告知项目备案机关，办理备案手续，实行网上受理、办理、监管和服务，实现核准、备案过程和结果的可查询、可监督。

符合相关规定的项目，备案机关在5个工作日内（特殊情况经主管领导批准后可延长至10个工作日）将项目备案相关信息通过在线平台在相关部门之间实现互通共享。项目单位补充材料所需时间不在5个工作日内计算。

### （五）环评与批复

随着全民环保意识的提高，为防止建设项目产生新的污染、破坏生态环境，政府环境保护部门对涉及污染项目的审批监管越来越严格。企业在规划设计募投项目时应充分论证募投项目对环境造成的影响程度，涉及的污染类别，按照《中华人民共和国环境影响评价法》《建设项目环境保护管理条例》和《建设项目环境影响评价分类管理名录（2021年版）》《环境影响评价公众参与办法》等法规，参照《生态环境部建设项目环境影响报告书（表）审批程序规定》，采用编制环境影响报告书或编写环境影响报告表或填报环境影响登记表等方式进行环评审批程序。

根据募投项目对环境影响程度、环评程序和各地方的环保政策的不同，取得环评批复的周期也有所差异。地方环保局在收到建设单位申报的项目环境影响报告书之日起30日内，收到环境影响登记表之日起15日内，根据审查结果，分别作出相应的审批决定并书面通知建设单位。

# 第三节　重　点　关　注

## 一、组织实施方面

募投项目规划是公司长远发展战略的重要环节，在组织发展战略研讨以及董事会时，应邀请保荐人参与。在实际工作中，保荐代表人能够在一定程度上把握宏观经济、产业周期变化规律，清楚企业战略目标是否可行，以及募投项目的选择是否有助于企业实现自身制定的发展战略。

募投项目规划设计需要有专业人士负责并牵头，建议聘请有实力的第三方专业咨询机构组织编写，将有助于提高募投项目的质量。在选聘第三方专业咨询机构时，应充分了解团队的撰写水平和综合实力，重点考查其以往的业绩、有无同行业上市项目的经验。

对于环评文件的编写与评审工作，企业也应选聘实力较强的第三方专业环评机构负责。

## 二、时间关联方面

募投项目确定后，企业应尽快与第三方专业环评机构一起就募投项目、环评程序、文件资料、专家评审、评审周期等与当地政府环评审批部门进行必要的前期沟通，详细了解整个环评程序和批复时间，待可研报告初稿完成，取得地方备案机关的审核批复后，立即开展环评工作，以免延误IPO申报进程。一般需在IPO申报材料前取得环保批文。

# 第四编

# 规范运作

第一章

# 独 立 性

## 第一节　重点适用政策法规

（1）《上市公司分拆所属子公司境内上市试点若干规定》（中国证券监督管理委员会公告〔2019〕27号）（2019年12月12日发布）（现已废止）；

（2）《科创板首次公开发行股票注册管理办法（试行）》（中国证券监督管理委员会令第153号）（2019年3月1日发布）。

## 第二节　重点内容及要求

### 一、资产完整方面

生产型企业具备与生产经营有关的主要生产系统、辅助生产系统和配套设施，合法拥有与生产经营有关的主要土地、厂房、机器设备以及商标、专利、非专利技术的所有权或者使用权，具有独立的原料采购和产品销售系统；非生产型企业具备与经营有关的业务体系及主要相关资产。

## 二、人员独立方面

发行人的总经理、副总经理、财务负责人和董事会秘书等高级管理人员不在控股股东、实际控制人及其控制的其他企业中担任除董事、监事以外的其他职务，不在控股股东、实际控制人及其控制的其他企业领薪；发行人的财务人员不在控股股东、实际控制人及其控制的其他企业中兼职。

## 三、财务独立方面

发行人已建立独立的财务核算体系，能够独立作出财务决策，具有规范的财务会计制度和对分公司、子公司的财务管理制度；发行人未与控股股东、实际控制人及其控制的其他企业共用银行账户。

## 四、机构独立方面

发行人已建立健全内部经营管理机构、独立行使经营管理职权，与控股股东和实际控制人及其控制的其他企业间不存在机构混同的情形。

## 五、业务独立方面

发行人的业务独立于控股股东、实际控制人及其控制的其他企业，与控股股东、实际控制人及其控制的其他企业间不存在对发行人构成重大不利影响的同业竞争，以及严重影响独立性或者显失公平的关联交易。

# 第三节　重点关注

## 一、独立行使经营管理权

### （一）决策独立

一是完善法人治理结构。依据《公司法》《上市公司治理准则》等相关规定，建立规范的公司治理结构。二是明确职权。根据上市公司相关要求，对股东大会、董事会、监事会、经理层的职权进行明确划分，确保公司独立行使决策权。三是增强决策能力。通过设置独立董事、提高外部董事占比、设立董事会专门委员会等方式，提升董事会决策的独立性和科学性，提高其决策水平。

### （二）制度独立

一是独立制定制度。在公司章程中明确制度制定方面的职权划分并严格执行，不能直接适用控股股东、实际控制人制度。二是制度内容独立。将独立性原则内化于制度，在制度条文中不能引用控股股东、实际控制人制度，在业务方面不能存在请示、批复之类内容，与控股股东、实际控制人之间不能规定除股权关系、正常关联交易以外的其他资金往来。三是控股股东、实际控制人说明。在IPO过程中，一般需要控股股东、实际控制人出具书面文件，就股东制度不适用发行人情况进行说明。

## 二、具体独立要求

### （一）资产独立完整、权属清晰

（1）资产完整性。对发行人的生产用房地产、生产经营设备等资产进行梳理，一是要确保发行人具有开展生产经营所必备的资产；二是要确保权属清晰、明确，取得相应的权属证书，对确有瑕疵的生产用房地产，应尽快完善相关手续，明确权属关系。

（2）资产独立性。重点对商标、知识产权进行梳理，要确保发行人具有独立的所有权和使用权。一般要单独占有；存在共有关系的，要明确权利义务关系；对于存在权属纠纷或重大诉讼的，要彻底解决。

（二）人员独立

（1）任职、兼职要求。发行人的总经理、副总经理、财务负责人和董事会秘书等高级管理人员不在控股股东、实际控制人及其控制的其他企业中担任除董事、监事以外的其他职务；发行人的财务人员不在控股股东、实际控制人及其控制的其他企业中兼职。

（2）薪酬要求。发行人的总经理、副总经理、财务负责人和董事会秘书等高级管理人员不在控股股东、实际控制人及其控制的其他企业领薪。

（3）劳动、人事、工资报酬及社保管理。发行人要对全体员工的劳动、人事、工资报酬以及相应的社会保障进行独立管理。

（三）财务独立

（1）财务管理。要建立独立的财务核算体系，能够独立作出财务决策，具有规范的财务会计制度和对分公司、子公司的财务管理制度。

（2）账户管理。发行人与控股股东、实际控制人及其控制的其他企业不应存在共用银行账户的情形，如存在，应尽快销户。

（3）资金往来。应对发行人与控股股东、实际控制人及其控制的其他企业的资金往来进行清理，主要包括关联交易到期债权、股利分配、其他往来等。

（四）机构独立

（1）机构设置权限。发行人应具有机构设置自主权，根据实际要求建立健全内部经营管理机构，不受控股股东、实际控制人干预。

（2）机构运行。发行人机构应能够在职权范围内独立规范运作，独立行使经营管理职权，如在同一办公地、办公场所，应能进行有效分割、相互独立，不能存在机构混同的情况。

（五）业务独立

（1）系统独立。发行人拥有从事该等业务完整独立的生产及辅助系统、采购和销售系统，独立开展生产经营活动，业务完全独立于控股股东、实际控制人及其他关联方。

（2）关联交易。发行人应尽量降低关联交易占比，避免对控股股东、实际控制人形成业务依赖。对于存在的关联交易，要确保其必要性、合规性及价格的公允性。

（3）同业竞争。控股股东、实际控制人及其控制的其他企业不能存在对发行人构成重大不利影响的同业竞争。在IPO中应做好核查，并由相关方出具承诺。

第二章

# 土地和房产

## 第一节　重点适用政策法规

（1）《中华人民共和国土地管理法》（2019年8月26日修订）；

（2）《国土资源部招标拍卖挂牌出让国有土地使用权规定》（2002年5月9日发布）；

（3）《中华人民共和国城乡规划法》（2019年4月23日修订）；

（4）《不动产登记暂行条例》（国务院令第656号）（2019年3月24日修订）；

（5）《规范国有土地租赁若干意见》（1999年7月27日发布）；

（6）《划拨用地目录》（国土资源部令第9号）（2001年10月22日发布）；

（7）《国务院关于印发加快剥离国有企业办社会职能和解决历史遗留问题工作方案的通知》（国发〔2016〕19号）（2017年5月22日发布）；

（8）《关于国有企业职工家属区"三供一业"分离移交工作的指导意见》（国办发〔2016〕45号）（2016年6月22日发布）。

# 第二节　重点内容及要求

土地和房产是生产制造型企业实施生产、经营的重要资产，同时也是上市审核关注的重点。企业必须确保土地和房产权属清晰、使用合规、不存在纠纷。

# 第三节　重　点　关　注

## 一、土地和房屋的权属

企业应确保土地和房产权属清晰，并做到以下几点：

（1）土地取得流程应符合国家相关法律规定，确保企业合法拥有土地使用权。

（2）土地和房产应取得政府部门颁发的《不动产权证书》。

（3）土地和房产不应当存在抵押或查封等情况，否则会无法通过审核，影响企业上市进程。如企业土地和房产存在抵押或查封等情况，企业应当尽快解除抵押或查封等，并在不动产登记部门开具《无抵押无查封证明》，对土地和房产抵押或查封等情况进行说明。

## 二、确保产权信息一致性

（1）土地、房产的《不动产权证书》登记信息应当和实际使用情况保持一致，如企业名称、土地或房屋面积、土地使用性质、房屋用途等登记信息，其中任意一条登记信息与实际使用不相符，都要在不动产登记部门进行变更登记，重新取得《不动产权证书》。

（2）土地取得的过程资料（如出让公告、成交确认书、合同等），应当和实际使用情况保持一致，如不相符，政府不动产登记部门不予办理《不动产权证书》，也无法通过证监会审核，将影响企业上市进程。

（3）房屋权属登记时要确保土地及土地上的房屋相关信息（权利人、房屋坐落等）必须一致，否则政府不动产登记部门不予登记。

### 三、土地和房产的合规使用

（1）企业在使用土地时应符合土地使用性质要求，工业用地只能建设工业生产类用房，不能建设其他类型用房；在使用房屋时应符合房屋用途要求，建设的工业生产类用房不能用于商业、住宅或办公等。如企业在使用土地时存在不符合用地性质或房屋用途要求的情况，应及时变更土地使用性质或房屋用途，确保合规使用。

（2）企业建设建（构）筑物时，应当符合《中华人民共和国城乡规划法》规定，及时在政府规划部门办理规划审批手续，并取得《建设工程规划许可证》。没有《建设工程规划许可证》的建筑属于违章建筑，城市建设执法部门会进行处罚，甚至依法强制拆除。对已经建成但建设手续不齐全的建筑物，企业应当及时补充办理规划等建设手续；如无法补充办理相关建设手续，企业应当自行拆除违章建筑。

（3）企业依法取得出让土地使用权后，在合规使用方面还需注意土地闲置问题。一年以上未动工建设的，应当按照省、自治区、直辖市的规定缴纳闲置费；连续两年未使用的，经原批准机关批准，由县级以上人民政府无偿收回用地单位的土地使用权。企业应当按期开发建设，避免出现土地闲置问题。

### 四、土地和房产纠纷问题

企业土地和房产不应当存在纠纷或潜在纠纷，企业应重点关注租赁土地、房屋时可能出现的纠纷，如租赁的土地和房产是否存在被抵押、涉讼等情况。如存在上述情况，企业可另做选择或者要求出租人解除抵押、涉讼等情况，避免企业在租赁土地和房产时出现纠纷。

承租企业还应当审核出租人的土地和房屋的《不动产权证书》，确保出租人的土地和房屋产权清晰，要审核出租人是否有出租权利，出租人是否与出租土地、房屋《不动产权证书》上的名称一致等。

## 五、非上市资产剥离的问题

企业上市前应当对上市资产和非上市资产进行清晰的界定，认真做好非上市资产的剥离工作。

### 1."三供一业"移交资产

对属于"三供一业"移交范围的非经营性资产，根据《关于印发加快剥离国有企业办社会职能和解决历史遗留问题工作方案的通知》《关于国有企业职工家属区"三供一业"分离移交工作的指导意见》文件要求，应做好向地方政府的资产移交工作。

### 2.其他非经营资产

对不属于"三供一业"移交范围的非经营性资产应进行剥离，剥离后移交给上级资产管理部门进行统一管理，移交时应办理过户更名手续，重点关注需要转让划拨土地使用权且不符合《划拨土地目录》的资产，并及时办理土地使用权出让手续。

### 3.委托经营或代管的非经营资产

上级资产管理部门因地域或者其他原因不方便管理的非经营资产，可以委托拟上市企业进行代管或经营。上级资产管理部门应当出具代管和委托书，拟上市企业应当将代管和委托经营资产与上市资产进行区分。

第三章

# 劳 动 用 工

## 第一节　重点适用政策法规

（1）《中华人民共和国劳动合同法》（2012年12月28日修订）；

（2）《中华人民共和国劳动合同法实施条例》（国务院令第535号）（2008年9月18日发布）；

（3）《劳务派遣暂行规定》（2014年1月24日发布）。

## 第二节　重点内容及要求

企业应严格按法律规定，从劳动用工的方式、劳动用工的岗位、劳动用工的比例等方面，规范本单位用工管理，建立科学、合理、规范的人力资源体系。

# 第三节　重点关注

## 一、劳务派遣单位资质

经营劳务派遣业务的单位，其注册资本、经营场所和设施、管理制度等方面均应符合法律要求，还应当向劳动行政部门依法申请行政许可。经许可的，依法办理相应的业务登记；未经许可的，任何单位和个人不得经营劳务派遣业务。

劳务派遣单位行政许可有效期未延续或者被撤销、吊销的，不得继续经营劳务派遣业务。

企业在劳务派遣单位采购过程中，应重点审核劳务派遣单位的《营业执照》《劳务派遣经营许可证》等相关资质证件，并在劳动行政许可部门或其官方网站查询真伪。

## 二、劳务派遣单位关联关系

根据《中华人民共和国劳动合同法》及《中华人民共和国劳动合同法实施条例》要求，企业不得设立劳务派遣单位向本单位或者所属单位派遣劳动者。

企业在劳务派遣单位采购过程中，除了调查劳务派遣单位的注册地、成立时间、注册资本、股东情况以及与本企业的合作历史和合作背景等，还应审查劳务派遣单位股东或主要负责人关联关系，有下列情况之一的，不得采购：

（1）本单位设立的劳务派遣单位；

（2）本单位或所属单位出资或合伙设立的劳务派遣单位；

（3）劳务派遣单位的股东或主要负责人与企业存在关联关系；

（4）劳务派遣单位的股东或主要负责人曾为用人单位的核心员工，存在股权代持行为。

## 三、劳务派遣单位采购程序

企业对劳务派遣单位的采购应符合法律法规及本单位相关制度规定，避免造成法律纠纷。

企业可从以下两个方面规范劳务派遣单位采购程序：

（1）建立企业合格供方名录，为符合条件的劳务派遣单位办理准入资格；

（2）严格按照国家法律及相关制度认真执行招标采购工作的各项程序，充分利用招标平台开展招标工作来实现招标的公平、公正和公开。

## 四、劳务派遣用工岗位性质

根据《中华人民共和国劳动合同法》及《劳务派遣暂行规定》要求，用工单位只能在临时性、辅助性或者替代性（简称"三性"）的工作岗位上使用被派遣劳动者。

临时性工作岗位是指存续时间不超过6个月的岗位；辅助性工作岗位是指为主营业务岗位提供服务的非主营业务岗位；替代性工作岗位是指用工单位的劳动者因脱产学习、休假等原因无法工作期间，可以由其他劳动者替代工作的岗位。

企业在使用劳务派遣之前，应对本单位岗位进行核查，梳理相关岗位性质，并根据自身需求及生产特点，在临时性、辅助性或替代性的工作岗位实施劳务派遣，比如流水线作业人员、保洁员、门卫等。对于本单位的关键工序或核心技术岗位，必须严格按规定使用本单位职工。

在使用劳务派遣人员的过程中，企业因工艺调整等原因造成劳务派遣岗位涉及本单位关键工序或核心技术的，可通过绩效考核将在该类岗位表现优秀的劳务派遣人员转为本企业职工,并签订劳动合同,其余人员调整至临时性、辅助性或替代性的岗位。

## 五、劳务派遣用工比例

根据《中华人民共和国劳动合同法》《中华人民共和国劳动合同法实施条例》及《劳务派遣暂行规定》规定,用工单位应当严格控制劳务派遣用工数量,使用的被派遣劳动者数量不得超过其用工总量的10%。用工总量是指用工单位订立劳动合同人数与使用的被派遣劳动者人数之和。

实践中,随着近些年我国劳动力成本的不断攀升,部分企业为了节省成本,往往会在很多岗位上大量使用劳务派遣员工,造成劳务派遣用工比例超标。针对此类问题,企业可采取以下3种措施进行解决:

(1)通过加强技能培训、组织技能竞赛、绩效考核等方式,对现有的劳务派遣人员进行选拔,与优秀的劳务派遣员工签订劳动合同,使其转为本单位职工。

(2)通过劳务外包或者业务分包形式,将不涉及关键工序或关键技术的业务外包,降低或消除劳务派遣用工比例。但进行业务外包前,还应对企业主要业务工序及外包业务对应的工序环节以及业务的具体内容进行核查,确保外包业务为非关键工序或不需要第三方的关键技术。

(3)通过梳理生产流程及产品特点,对于部分非必要的劳务派遣人员,可退回劳务派遣公司。

## 六、被派遣劳动者待遇

根据《中华人民共和国劳动合同法》《中华人民共和国劳动合同法实施条例》及《劳务派遣暂行规定》,被派遣劳动者享有与用工单位的劳动者同工同酬的权利。用工单位应当按照同工同酬原则,对被派遣劳动者与本单位同类岗位的劳动者实行相同的劳动报酬分配办法。用工单位无同类岗位劳动者的，参照用工单位所在地相同或者相近岗位劳动者的劳动报酬确定。

## 七、劳务派遣单位薪酬支付

根据《劳务派遣暂行规定》，劳务派遣单位应按照国家规定和劳务派遣协议约定，依法支付被派遣劳动者的劳动报酬和相关待遇。

在实践中，存在部分劳务派遣单位未按时或未足额支付派遣人员薪酬的现象。针对此类问题，企业可以从以下几个方面入手来加强对劳务派遣单位的监管：

（1）在《劳务派遣协议》中明确薪酬支付的责任、支付日期及相关金额，要求劳务派遣单位必须按期全额支付被派遣劳动者薪酬。

（2）完善相关部门对劳务派遣单位的监督检查机制，不定期对劳务派遣单位的薪酬支付情况进行核查，杜绝拖欠工资现象。

（3）对于已经发生此类情况的劳务派遣单位，企业可视情节，要求劳务派遣单位限期整改或解除《劳务派遣协议》，并由劳务派遣单位承担相关法律责任。

## 八、规范劳务用工形式

劳务派遣和劳务外包都是常见的劳务用工形式。在实践中，因为劳务派遣的"三性"要求及比例限制，部分企业会用劳务外包代替劳务派遣，但因对劳务外包的发包内容、劳动者管理的责任主体、结算方式等方面界定不清晰，可能会存在"真派遣""假外包"的情形。

实行劳务外包的企业，应严格按照法律规定，从劳务外包的合同形式及主要条款、发包内容、结算方式、劳务人员管理责任、报酬支付方式及劳动用工风险承担等方面，规范本单位的劳务外包，不得以劳务外包形式规避劳务派遣的相关法律法规。

# 第四章
## 社 会 保 险

### 第一节　重点适用政策法规

（1）《中华人民共和国劳动法》（2018年12月29日修订）；

（2）《中华人民共和国社会保险法》（2018年12月29日修订）；

（3）《中华人民共和国劳动合同法》（2012年12月28日修订）；

（4）《劳务派遣暂行规定》（2014年1月24日发布）。

### 第二节　重点内容及要求

社会保险（简称"社保"）是指一种为丧失劳动能力、暂时失去劳动岗位或因健康原因造成损失的人口提供收入或补偿的一种社会和经济制度。社会保险的主要项目包括养老保险、医疗保险、失业保险、工伤保险、生育保险。它是我国社会保障体系的重要组成部分，在整个社会保障体系中居于核心地位，也是构建中国特色社会主义和谐社会的重要保证之一。

按规定为员工缴纳社保，是企业作为社会经济活动的主要参与者必须履行的义务。在实践中，可能存在历史原因、员工个人原因等，导致企业社保缴纳不规范的现象。针对此类问题，企业应积极办理补办手续，确保本单位社保缴纳符合法律规定。

# 第三节　重点关注

## 一、社保缴纳的全面性

根据国家法律规定，企业应为全部职工缴纳基本养老保险、基本医疗保险、工伤保险、失业保险、生育保险等社会保险。

在实践中，部分企业为了降低成本，存在社保缴纳范围不全的问题。一方面，企业未实现全员参保，存在社保漏缴问题，比较常见的，如不给试用期内的企业职工、用工时间较短的临时工缴纳社会保险。另一方面，企业未按规定险种全部缴纳，比较常见的情形，如企业只为员工缴纳养老保险、工伤保险等单一或者组合险种，未按规定全险种缴纳社保。

针对此类问题，企业应规范员工的社保缴纳范围，按规定为全员进行全险种缴纳。对于已经存在的漏缴、少缴等问题，企业应及时按规定缴纳，并积极办理补缴事宜。

## 二、社保缴纳时效

根据《中华人民共和国社会保险法》，企业应当自签订劳动合同之日起三十日内为职工向社会保险经办机构申请办理社会保险登记并缴纳社会保险。

在实践中，部分企业会因为档案关系转移、社保关系转移滞后等，未按时为员工缴纳社保。针对此类问题，企业应及时为新入职员工办理社保登记并积极办理补缴事宜。

### 三、社保缴费基数

根据国家相关法律规定，企业应严格按照员工实际应缴社保基数为员工缴纳社会保险。但在实践中，部分企业为了节省成本，会通过降低员工"名义工资"，增加员工费用报销、福利支出等方式，降低员工实际应缴社保基数。

企业应严格按照国家统计局相关规定，做好应列入工资总额统计范围内员工收入统计工作，确保员工收入真实、准确，并按规定以员工实际应缴社保基数为员工缴纳社保。

### 四、社保缴纳主体

根据国家法律规定，企业是职工社保缴纳的主体。

在实践中，因为社保统筹政策变化等历史原因，部分企业会出现社保缴纳主体不一致现象，比较常见的情形如企业部分社保由主管上级或关联单位代缴。

针对此类问题，企业应将社保代缴人员转为本单位缴纳。如转缴过程中确实存在难以解决的实质性问题，代缴单位在IPO审核时应配合提供代缴的合法说明、报告期内代缴人员名单、代缴期限的合规证明、社会保险基金管理中心出具的个人权益记录、社保代缴说明或代缴合同、代缴社保费用凭证等相关证明材料，并说明该企业存在代缴情形的原因及其合规性。

## 五、劳务派遣人员社保缴纳

根据《劳务派遣暂行规定》，劳务派遣单位应依法为被派遣劳动者缴纳社会保险，并办理社会保险相关手续。

在实践中，部分劳务派遣单位为了降低成本、提高利润，存在对劳务派遣人员社保漏缴、少缴问题。针对此类问题，企业可以从以下几个方面来加强对劳务派遣单位的监管：

（1）在《劳务派遣协议》中明确薪酬支付的责任、支付日期及相关金额，要求劳务派遣单位必须按规定为派遣人员全员、全险种缴纳社会保险。

（2）完善相关部门对劳务派遣单位的监督检查机制，不定期对劳务派遣单位的社保缴纳情况进行核查。

（3）对于已经发生此类情况的劳务派遣单位，企业可视情节，要求劳务派遣单位限期整改或与其解除《劳务派遣协议》，并由劳务派遣单位承担相关法律责任。

# 第五章
# 知 识 产 权

科创板定位于科技创新型企业，优先支持"拥有关键核心技术，科技创新能力突出，主要依靠核心技术开展生产经营"的具有较强成长性的企业。知识产权是企业核心竞争力和科技创新能力的集中体现，是企业的重要资产。

## 第一节　重点适用政策法规

（1）《中华人民共和国专利法》（2020年10月17日修订）；

（2）《中华人民共和国著作权法》（2020年11月11日修订）；

（3）《中华人民共和国商标法》（2019年4月23日修订）；

（4）《中华人民共和国反不正当竞争法》（2019年4月23日修订）；

（5）《中华人民共和国著作权法实施条例》（国务院令第359号）（2013年1月30日修订）；

（6）《计算机软件保护条例》（国务院令第339号）（2013年1月30日修订）；

（7）《中华人民共和国专利法实施细则》（国务院令第306号）（2023年12月11日修订）；

（8）《中华人民共和国商标法实施条例》（国务院令第358号）（2014年4月29日修订）；

（9）《中华人民共和国知识产权海关保护条例》（国务院令第395号）（2018年3月19日修订）；

（10）《植物新品种保护条例》（国务院令第213号）（2014年7月29日修订）；

（11）《集成电路布图设计保护条例》（国务院令第300号）（2001年4月2日发布）；

（12）《科创属性评价指引（试行）》（证监会公告〔2021〕8号）（2021年4月16日修订）；

（13）《科创板首次公开发行股票注册管理办法（试行）》（2019年3月1日发布）；

（14）《公开发行证券的公司信息披露内容与格式准则第41号——科创板公司招股说明书》（2019年3月1日发布）；

（15）《公开发行证券的公司信息披露内容与格式准则第42号——首次公开发行股票并在科创板上市申请文件》（2019年3月1日发布）；

（16）《上海证券交易所科创板企业上市推荐指引》（2019年3月3日发布）（现已废止）。

# 第二节　重点内容及要求

健全知识产权工作机构，配备知识产权专职管理人员，建立起适应自身模式、系统完善的知识产权管理体系和制度，将知识产权工作纳入科研开发管理和科技创新管理工作的全过程，夯实企业主营业务的知识产权布局，加强知识产权风险控制。

# 第三节　重点关注

## 一、知识产权的独立性

（一）存在的问题

（1）知识产权是公司的核心无形资产，专利、商标、著作权（版权）、商业秘密、集成电路布图设计、计算机软件版权等知识产权对公司业务具有重大影响。公司是否缺少能够完整、独立支撑其主营业务的重要知识产权。

（2）重要的、关键的、核心的知识产权是否存在重大依赖性，通常表现为仅有使用权，且多表现为依赖于关联方。

（3）知识产权是否确定为职务发明。

（二）解决措施

（1）梳理知识产权清单，确保其真实、准确、完整；厘清核心专利与非核心专利，确保核心专利已经授权且在有效期内，同时该等专利已经产业化运用于主营业务之中。

依据公司战略目的，提前进行知识产权布局。通过保护型、对抗型和储备型等不同的知识产权布局，与同行业可比公司的知识产权数量相比较，得出具有市场竞争优势、技术具有先进性的结论。通过计划性的专利申请，确保报告期内的专利数量呈增加趋势，反映其持续研发能力。

（2）核查知识产权清单，确保知识产权为职务发明；对合作、委托开发过程中的知识产权风险，与合作方、委托方通过书面形式确定技术的知识产权归属、使用、收益分配方案，务必确保公司是知识产权的所有人或者共有人，优先考虑知识产权独有。

## 二、知识产权风险

（一）风险

（1）重要的、关键的、核心的知识产权的取得或者使用是否存在重大不利变化。

（2）知识产权，尤其是重要的、关键的、核心的知识产权是否存在未表决重大诉讼。

（二）解决措施

（1）加强知识产权风险控制，包括知识产权数据收集整理、专利申请、知识产权许可与转让、知识产权纠纷应急处理、技术成果创新与转化等。同时不应忽视与兼职人员和具有工作变动的人员相关的知识产权风险防范，以避免由这些人员形成的知识产权所产生的潜在纠纷。

提高全员知识产权保护意识，对企业无形资产进行全方位保护。从专利、商标、域名、著作权等进行多元化布局，挖掘保护核心专利，提前预警应对风险纠纷未能处理、转让许可不按市场规则等问题，合理利用各种知识产权类型的独特优势。

（2）上市之前做好知识产权侵权风险评估。企业在上市筹备过程中，应当进行知识产权侵权风险评估，避免被诉风险。知识产权侵权风险评估，即了解与自身的研发方向以及产品（服务）领域相近的企业目前的知识产权内容及保护范围，识别自己可能存在的侵权风险和日后需要防范或加强保护的领域。

### 三、企业自身拥有的知识产权信息披露

科创板信息披露以投资者需求为导向，贯穿上市审核、发行承销以及上市后监管全程。而知识产权信息披露，是科创板信息披露中至关重要的一项内容。知识产权信息的披露，应当在遵循真实、准确、完整、及时、公平等原则以及相关法律法规、部门规章和业务规则的具体要求的前提下，重点突出能够体现自身核心竞争力的知识产权信息。

知识产权信息的披露通常涉及是否满足对科创属性的要求、专利对开展主营业务的作用、知识产权权属是否存在瑕疵、知识产权管理制度是否健全、核心技术是否存在诉讼纠纷、人员离职是否构成重大变化、核心产品是否具有知识产权等诸多专业问题。企业在科创板上市过程中的知识产权信息披露，应当在专业的知识产权律师的指导和支持下进行。

# 第六章
# 同 业 竞 争

## 第一节　重点适用政策法规

《科创板首次公开发行股票注册管理办法（试行）》（证监会令第153号）（2019年3月1日发布）（现已修订）。

## 第二节　重点内容及要求

同业竞争是公司所从事的业务与其控股股东或实际控制人所控制的其他企业所从事的业务相同或近似，双方构成或可能构成直接或间接的竞争关系。

如果公司控股股东或实际控制人是自然人，其夫妻双方直系亲属（包括配偶、父母、子女）控制的公司与自身存在竞争关系的，应认定为构成同业竞争。

公司与控股股东、实际控制人及其控制的其他企业间不能存在构成重大不利影响的同业竞争。

# 第三节　重点关注

## 一、准确界定自身经营范围

公司应当对自身经营范围进行准确界定，全面核查实际业务与经营范围是否一致，明确自身业务情况，梳理构成同业竞争的产品业务；同时，公司在梳理核查过程中应综合考虑未来发展方向、募投项目等因素。

## 二、关联方的核查

公司在面对同业竞争事项时，应配合中介机构做好对关联方的核查，核查要全面，涵盖所有关联方，既要核查其经营范围，同时也要核查其实际业务。

（一）核查要点

（1）关联方营业范围；

（2）关联方实际开展业务、产品是否与公司业务、产品相同、相似或相近；

（3）关联方同业竞争业务、产品数量大小。

（二）解决措施

（1）公司通过同业竞争事项核查，判断关联方是否构成同业竞争。对于构成同业竞争的，如果未造成重大不利影响，则需要进行合理解释说明；如果造成重大不利影响，一般可通过以下方式解决：①放弃与公司构成同业竞争的业务产品；②关停注销关联公司；③通过业务重组避免同业竞争。

（2）控股股东发布同业竞争负面清单，针对发行人经营产品实施负面清单式管理。

（3）所有关联方签署避免同业竞争承诺函。高铁电气依照《科创板首次公开发行股票注册管理办法（试行）》等规章制度文件，配合中介机构对同业竞争事项进行核查，明确自身与直接或间接控股股东、实际控制人及其控制的其他企业在主营业务方面存在明显差异，不构成同业竞争。

同时，考虑到下属企业众多且层级复杂，为避免潜在的同业竞争，高铁电气间接控股股东中国中铁已对下属所有企业实行同业竞争"负面清单"管理。2018年5月21日，中国中铁发布《中国中铁关于轨道交通供电设备业务负面清单式管理的通知》，规定自通知发布之日起，除高铁电气外，中国中铁下属其他企业不得从事负面清单所列示业务。2020年4月27日，中国中铁发布《中国中铁关于持续严格执行轨道交通供电设备业务负面清单式管理的通知》，根据高铁电气未来发展规划，中国中铁更新了负面清单产品目录。由中国中铁控制的且目前存续的企业、单位均按照通知要求签署了《关于执行负面清单管理方案的承诺函》，并承诺其自身及其管理的下属企业均会按照通知要求执行负面清单管理方案。

高铁电气的业务属于中国中铁工程设备和零部件制造业务板块中的铁路和城市轨道交通电气化器材业务，具体为铁路电气化接触网产品、城市轨道交通供电系统设备，以及轨外产品的研发、设计、生产、销售。因此，高铁电气与直接或间接控股股东、实际控制人及其控制的其他企业在主营业务领域存在明显差异，不存在相同或相似的情形，亦未从事相同或相似的业务，故不存在同业竞争。

# 第七章
## 关联交易

### 第一节　重点适用政策法规

《科创板首次公开发行股票注册管理办法（试行）》（2019年3月1日发布）。

### 第二节　重点内容及要求

#### 一、关联交易要求

关联交易是企业关联方之间的交易，是公司运作中经常出现的而又易于发生不公平结果的交易。一方面，由于关联交易方可以运用行政力量撮合交易的进行，从而有可能使交易的价格、方式等在非竞争的条件下出现不公正情况，造成对股东或部分股东权益的侵犯，也易导致债权人利益受到损害。另一方面，交易双方因存在关联关系，可以节约大量商业谈判等方面的交易成本，并可运用行政的力量保证商业合同的优先执行，从而提高交易效率。因此，关联交易事项的处理是监管机构在问询审核反馈阶段关注的重点，值得公司着重考虑。

公司与控股股东、实际控制人及其控制的其他企业间不能存在显失公平的关联交易。

## 二、认定及分类

上市公司的关联交易，是指上市公司或者其控股子公司与上市公司关联人之间发生的转移资源或者义务的事项。

通常情况下，关联交易主要分为经常性关联交易和偶发性关联交易。

**1.经常性关联交易**

（1）采购商品、接受劳务情形；

（2）出售商品、提供劳务情形；

（3）关联方担保情形；

（4）关联方租赁情形。

**2.偶发性关联交易**

（1）关联方资金拆入情形；

（2）可能存在存放于关联公司（上级单位资金中心）的款项。

# 第三节　重　点　关　注

## 一、关联交易的必要性

关联交易的必要性往往是公司IPO上市阶段问询反馈中重点关注的方面，

集团化的分拆公司通常会存在关联交易占比较高的情况。针对必要关联交易，要从分拆公司和被分拆公司同时处于产业链的上游和下游、行业特点、市场地位等方面进行合理解释。针对以下几种非必要的关联交易，公司要采取措施尽量减少。

（1）关联销售。公司在关联销售事项上，可以通过充分参与市场竞争的形式，在市场竞争中取得销售订单，从而减少关联交易行为。

（2）关联采购。公司在关联采购事项上，可以通过减少或避免集中平台方式采购，采取公开招标等方式进行，减少关联交易发生。

（3）关联担保、关联资金集中。公司可使用自身信用、资产等方式充分参与资本市场，通过商业银行金融机构建立有效的银行融资及担保保障体系，以市场价格获得融资及担保支持，减少关联担保、关联资金集中事项发生。

关联交易相关公司、控股股东公司，可以采取出具《减少与规范关联交易承诺函》的方式，减少并规范非必要的关联交易行为。

高铁电气作为中国中铁工业设备和零部件制造业务板块的下属企业，与中国中铁下属单位同处产业链上下游，双方不可避免地会产生业务关系。同时，由于目前国内铁路、城市地铁等轨道交通建设项目属于国家统一规划和批准的大型公共、基础设施项目，投资额巨大，效益具有间接性和长期性特点，投资回收周期长，项目包含土建、房建、桥梁、隧道、电力、通信、信号、接触网等相关的工程设计、设备制造、工程施工、项目运营管理和服务等，这些基础设施项目基本上都是中国铁路总公司确定项目总体设计方案后，在全球范围内以项目总包（设计、设备、施工、服务）为标的进行招标，只有中国中铁、中国铁建、中国建筑、中国电建、德国西门子、法国阿尔斯通等实力雄厚的大型集团有实力参与竞争，导致高铁电气等下游企业需与中国中铁在内的上述大型集团进行交易。高铁电气作为国内从事电气化铁路接触网产品和城市轨道供电设备研发、设计、生产、销售的专业化龙头企业之一，产品体系完善，技术先进，产品认可度高，具有良好的市场声誉。从过往市场招投标经验来看，高铁电气在电气化铁路接触网和城市轨道交通供电设备方面的竞争力较强，因此高铁电气与中国中铁下属单位的业务往来占比较高具有合理性和必要性。

此外，高铁电气关联采购主要集中在与中国中铁下属的中铁电气化局集团物资贸易有限公司的交易上，高铁电气向中铁电气化局集团物资贸易有限公司采购的主要原材料为铝型材、不锈钢带等。中铁电气化局集团物资贸易有限公司为中铁电气化局集团有限公司下属的物资集中采购的子公司，在物资采购及管理、运输仓储和物流信息方面具有优势地位，且一般采购量较大。向中铁电气化局集团物资贸易有限公司采购是响应集团一体化采购的管理需求，同时能够在一定程度上提高高铁电气采购效率。为充分减少关联事项的发生，高铁电气已不再与中铁电气化局集团物资贸易有限公司新增采购合同，原有采购合同履行完毕后，不再通过中铁电气化局集团物资贸易有限公司进行采购。高铁电气通过采用公开招标等方式，减少关联采购的发生，充分运用自身信用、资产等通过银行金融机构市场化价格获得融资保障与支持，进而减少内部资金拆借、关联资金集中等事项的发生。为减少并规范关联交易，维护高铁电气全体股东的利益和保证高铁电气的长期稳定发展，高铁电气的控股股东中铁电工，间接控股股东中铁电气化局、中国中铁及中铁工业均出具了《关于减少及规范关联交易的承诺函》。

## 二、关联交易程序的合规性

关联交易事项发生时，公司应采取合规合法的措施，充分考虑影响因素，切实做到规范合理、有序经营。

公司应当按照关联交易的决策程序、原则、关联方回避表决、审批权限划分、独立董事监督等要求对关联交易事项进行决策，并按照相关程序严格履行。

高铁电气具有独立、完整的业务经营体系，与关联方中国中铁及其下属单位在业务、资产、机构、人员、财务等方面相互独立。

《中铁高铁电气装备股份有限公司章程》（简称《公司章程》）、《中铁高铁电气装备股份有限公司股东大会议事规则》、《中铁高铁电气装备股份有限公司董事会议事规则》、《中铁高铁电气装备股份有限公司关联交易管理制度》、《中铁高铁电气装备股份有限公司独立董事工作制度》等制度文件对关联交易决策程序、关联方资金往来等事项进行了规定，严格遵从《上海证券交易所科创板股票上市规则》（上证发〔2023〕128号）、《企业会计准则——关联方关系及其交易的披露》（财会字〔1997〕21号）要求，明确关联交易事项发生各个阶段管理要点和合法合规的应对措施，以及关联交易决策程序、原则、关联方回避表决、审批权限划分、独立董事监督等决策事项，严格履行相关程序，切实做到依法、有序经营。

### 三、关联交易的公允性

关联交易的公允性通常体现在关联交易是否为市场公允价格，如果未按照市场价格交易，应对交易行为进行合理解释。同时，为确保关联交易的公允性，公司一般应采取以下措施：

（1）针对关联交易，公司应当通过招标、竞争性谈判等方式，取得市场报价，充分参与市场竞争，以市场化取得的方式获取业务。

（2）针对关联资金拆借，公司可依托自身信用，通过地方银行金融机构建立有效的银行融资及担保保障体系，按照正常市场价格进行资金拆借。

为减少非必需的关联交易，降低关联交易金额，确保价格公允，高铁电气通过采用公开招标等方式，减少关联采购的发生；充分运用自身信用、资产等方式，通过银行金融机构市场化价格获得融资保障与支持，进而减少内部资金拆借、关联资金集中等事项的发生。

## 四、关联交易的披露

关联交易的披露应该完整、准确、及时，要覆盖全部关联交易事项。公司与关联方发生关联交易的，应该完整、准确披露该关联方的性质、交易类型及交易要素，结合公司业务往来实际，梳理完善关联交易事项信息，准确列示关联交易涉及明细，按照公司章程及关联交易管理制度规定，依照关联事项决策流程，及时履行相应程序，按要求予以披露。

高铁电气在《公司章程》及其他内部规定中明确了关联交易决策的权利与程序，《公司章程》规定了关联股东或利益冲突的董事在关联交易表决中的回避制度。同时，高铁电气在制定的《股东大会议事规则》《董事会议事规则》《独立董事工作制度》和《关联交易管理制度》中对关联交易决策的权利与程序作了更加详尽的规定。高铁电气对相关关联交易事项均严格按照《公司章程》及有关规定履行了相关审批程序或进行了事后确认，独立董事亦对关联交易事项发表独立意见，相关程序内容已按照监管要求完整、准确地予以披露。

# 第八章
## 法人治理结构

### 第一节　重点适用政策法规

（1）《中华人民共和国公司法》（2023年12月29日修订）；

（2）《上市公司治理准则》（2018年9月30日修订）；

（3）《上市公司股东大会规则》（2022年1月5日修订）；

（4）《上市公司章程指引》（2022年1月5日修订）；

（5）《关于在上市公司建立独立董事制度的指导意见》（2001年8月16日发布）；

（6）《上海证券交易所科创板上市公司自律监管规则适用指引第1号——规范运作》（2023年12月15日修订）。

### 第二节　重点内容及要求

上市公司应当建立健全股东大会、董事会、监事会和管理层，明确各治理层职权义务，完善制度体系，确保符合上市公司治理要求。

## 一、完善组织机构，明确职责权限

### （一）股东大会

**1.股东大会组成**

股东大会是公司的权力机构。拟上市公司聘请中介机构完成股份制改造，整体变更为股份有限公司。由发起人组织召开创立大会（即股份有限公司股东大会），股东由全体发起人组成。

**2.股东大会职权**

上市公司股东大会职权除《公司法》规定的一般职权外，根据《上市公司治理准则》《上市公司章程指引》，还应包括发行可转债、发行优先股、募集资金用途变更、关联交易、股权激励计划等事项。

**3.股东大会召开**

为维护中小股东权益，上市公司股东大会应采用现场加网络投票方式进行。

股东大会通知以公告形式发出，年度股东大会通知应在会议召开前20日发出，临时股东大会通知应在会议召开前15日发出。

### （二）董事会

**1.董事会**

上市公司设立董事会，人数为5～19人，董事会成员中独立董事不少于三分之一且应至少包含一名会计专业人士。

**2.董事会专门委员会**

董事会专门委员会包括审计、战略、提名、薪酬与考核委员会等其他专门委员会。根据《上市公司治理准则》，上市公司董事会必须设立董事会审计委员会，会议召集人为会计专业人士。

审计委员会职责包括监督及评估外部审计工作、内部审计工作、内部控制，提议聘请或者更换外部审计机构，协调内部审计与外部审计，审核公司的财务信息及其披露等。

**3.董事会职权**

上市公司董事会职权除《公司法》规定的一般职权外，根据《上市公司治理准则》《上市公司章程指引》，还应包括管理公司信息披露、向股东大会提请聘请或更换为公司审计的会计师事务所、董事会秘书等事项。

**4.董事会召开**

上市公司董事会每年至少召开2次会议。代表十分之一以上表决权的股东、三分之一以上董事和监事会可以提议召开董事会临时会议。

上市公司董事会定期会议通知应在召开前10日发出，临时会议通知时限以《公司章程》规定为准。

**5.独立董事特殊规定**

独立董事独立于公司股东，由公司按照实际情况聘请会计、法律、管理等方面的专家或学者担任。

根据相关法律法规，上市公司独立董事应在董事会、股东大会上对董事的提名任免，高级管理人员的聘任和解聘，公司董事、高级管理人员薪酬，需披露的关联交易，募集资金管理和使用，股权激励，员工持股计划，并购重组类等事项发表独立意见。

根据相关规定，上市公司独立董事在董事会召开前应当对重大关联交易、解聘会计师事务所发表事前认可意见。

**（三）监事会**

上市公司应当设立监事会，监事会成员不少于3人，由股东代表监事和一定比例的职工代表监事组成。职工代表的比例不得低于三分之一。董事、高级管理人员不得担任监事。

1.监事会职权

上市公司监事会职权除《公司法》《上市公司治理准则》《上市公司章程指引》规定的职权外，根据上交所要求对下列事项发表意见：股权激励计划及员工持股计划、募集资金的管理和使用、会计政策、会计估计变更或重大会计差错更正、关联交易、信息披露事务管理制度实施情况等。

2.监事会召开

上市公司监事会定期会议每半年至少召开1次会议。

定期会议通知应在召开前10日发出，临时会议通知时限以《公司章程》规定为准。

（四）管理层

根据《公司法》《上市公司治理准则》规定，上市公司高级管理人员包括总经理、副经理、总会计师、总工程师、董事会秘书及《公司章程》规定的其他高级管理人员。

上市公司应当设立董事会秘书，董事会秘书应当取得交易所培训合格的董事会秘书资格证书，由董事长提名，董事会聘任。

## 二、完善制度体系

（一）公司章程

上市公司在向中国证监会报送申请材料时，应当按照《上市公司章程指引》对公司的章程起草或修订。在上市后适用的《公司章程》中，根据公司的具体情况明确公司上市后的经营宗旨和范围，规定股份发行、转让、增加与回购及股东大会、董事会、监事会的权利义务，确定股东、董事、监事、高级管理人员的候选人资格、任职条件、任期和权利义务，制定股东大会、董事会及专门委员会、监事会会议的召开程序及其他事项。

（二）股东大会规则

上市公司股东大会根据《公司法》《上市公司治理准则》《上市公司股东大会规则》《公司章程》等相关规定，结合公司实际情况制定《股东大会议事规则》《股东大会网络投票实施细则》，对股东大会会议的通知和提案内容、授权委托、表决程序和股东大会记录、决议的内容及执行情况做出具体规定。

（三）董事会规则

上市公司董事会根据《公司法》《上市公司治理准则》《公司章程》等相关规定，结合公司实际情况制定《董事会议事规则》《董事会专门委员会工作细则》，对上市公司董事、监事和高级管理人员的提名规则，董事会专门委员会的职权，董事会、董事会专门委员会会议的通知、提案内容、授权委托、表决程序和会议记录、决议的内容及执行情况等做出具体规定。

（四）监事会规则

上市公司监事会根据《公司法》《上市公司治理准则》《公司章程》等相关规定，结合公司实际情况制定《监事会议事规则》，对监事会会议的通知和提案内容、授权委托、表决程序和会议记录、决议的内容及执行情况做出具体规定。

（五）管理层规则

上市公司董事会根据《公司法》《上市公司章程指引》《公司章程》等相关规定，结合公司实际情况制定《总经理工作细则》《董事会秘书工作细则》，对总经理办公会的召开程序、董事会秘书的工作内容、高级管理人员的职权及其他事项做出具体规定。

（六）其他管理制度

除上述制度外，上市公司应当对募集资金、关联交易、信息披露等其他事项做出具体规定，制定《募集资金使用管理制度》《关联交易管理制度》

《上市公司信息披露管理办法》《投资者关系管理制度》《对外投资管理》等相关制度。

# 第三节 重 点 关 注

## 一、董事、监事选任

### （一）选举方式

上市公司股东大会选举由非职工代表担任董事、监事时，为维护中小股东的权益，一般采用累积投票制的选举方式。

上市公司职工代表董事、监事，由职工代表大会或其他民主形式选举产生。

上市公司应当统筹考虑董事、监事的选举事项，做好非职工代表董事、监事与职工代表董事、监事选举的衔接事宜，确保符合《公司法》《上市公司治理准则》对董事会、监事会成员结构的要求。

### （二）职工董事设立要求

《公司法》《上市公司治理准则》等法律规定中未规定上市公司必须设立职工代表董事，未对职工代表董事的人数做出具体规定。上市公司可参考《中华全国总工会关于进一步推行职工董事、职工监事制度的意见》的规定，职工董事的人数一般应占公司董事会成员总数的四分之一，董事会成员人数较少的，其职工董事至少1人。

### （三）独立董事选任

#### 1.选任程序

上市公司可以由董事会、监事会、单独或者合并持有上市公司已发行股份1%以上的股东提出独立董事候选人。独立董事候选人一般是法律、财务和行业的专家、学者。在选举独立董事时，公司应积极与独立董事候选人进行沟通，了解其详细情况，待双方达成统一意见后提交股东大会审议。

在正式确认独立董事人选之前，上市公司应与保荐机构及律师对其任职资格进行预判，保证上述人员选聘工作顺利进行。

**2.独立董事任职资格**

上市公司独立董事应在被提名前取得交易所颁发的独立董事资格证书，未取得的，应当承诺参加最近一次资格培训并取得证书。

**（四）外部董事**

《公司法》《上市公司治理准则》未对外部董事在董事会成员中的占比做出明确要求。国有控股上市公司如果要实行股权激励，根据《国有控股上市公司（境内）实施股权激励试行办法》，外部董事（含独立董事）应占董事会成员半数以上，外部董事由国有控股股东依法提名推荐，由任职公司或控股公司以外的人员担任。

## 二、董事会成员人数

上市公司应综合考虑公司规模，结合企业实际情况设定合理的董事会人数。上市公司董事会人数一般为单数，在保证董事会能够快速有效地决策及董事会专门委员会能够正常设立的前提下，不宜过多或过少。若董事会成员过多，则不利于董事会的组织；若董事会成员过少，则不利于董事会决策的全面性及科学性。

## 三、董事会专门委员会设立

《上市公司治理准则》要求上市公司董事会应当设立审计委员会，未对其他董事会专门委员会有明确要求。但在IPO审核过程中，上交所要求上市公司董事会同时设立提名、战略、薪酬与考核委员会，公司可以根据实际情况设立其他董事会专门委员会。其中提名委员会、薪酬与考核委员会中独立董事应占多数。

根据《国有控股上市公司（境内）实施股权激励试行办法》，薪酬与考核委员会全部由外部董事担任。

# 第九章

# 内 部 控 制

## 第一节　重点适用政策法规

（1）《中央企业全面风险管理指引》（2006年6月6日发布）；

（2）《上海证券交易所上市公司内部控制制度指引》（2005年4月1日发布）；

（3）《企业内部控制基本规范》（2008年6月28日发布）；

（4）《科创板首次公开发行股票注册管理办法（试行）》（2019年3月1日发布）（现已修改为《首次公开发行股票注册管理办法》）；

（5）《上海证券交易所科创板上市公司自律监管规则适用指引第1号——规范运作》（2022年1月7日发布）；

（6）《上海证券交易所科创板股票上市规则》（上证发〔2023〕128号）（2023年8月4日修订）；

（7）《上海证券交易所上市公司自律监管指引第4号——停复牌》（2022年1月7日发布）；

（8）《上海证券交易所上市公司自律监管指引第5号——交易与关联交易》（2023年1月13日发布）；

（9）《上海证券交易所上市公司自律监管指引第6号——重大资产重组》（2023年2月17日发布）；

（10）《上海证券交易所上市公司自律监管指引第7号——回购股份》（2023年12月15日发布）；

（11）《上海证券交易所上市公司自律监管指引第12号——可转换公司债券》（2022年7月29日发布）；

（12）《上海证券交易所上市公司自律监管指引第13号——破产重整等事项》（2022年3月31日发布）。

# 第二节　重点内容及要求

## 一、企业内部控制建设的意义

内部控制是由企业董事会、监事会、经理层和全体员工实施的旨在实现控制目标的过程。内部控制的目标是保证企业经营管理合法合规、资产安全、财务报告及相关信息真实、完整，提高经营效率，增强经营效果，促进企业实现发展战略。企业建立内部控制制度的意义在于以下4个方面。

1.保证合法合规地实现经营目标

利润最大化是企业追求的经营目标，健全有效的内部控制制度，可以增强企业的管理功能，能够有效地贯彻经营方针，及时发现偏离经营方针、经营目标的行为，采取有计划性的措施，纠正偏差，完善内部控制，从而保证经营方针和经营目标的实现。

2.有利于企业提高经营效率

内部控制制度所规定的相互促进、相互制约的关系，明确了企业内部各职能部门及工作人员的职责、权限。这样可减少不必要的请示、汇报，避免相互推诿，促使各部门提高经营效率。

3.保护企业财产安全完整

财产物资是企业从事生产经营的物质基础，必须保护其安全和完整。为此，企业通过建立起一套完整的内部控制制度，明确分工，落实责任，使各项财产物资采购、验收、入库、保管、出库、使用等环节都受到严格控制，提高使用效率，达到资产保值增值的目的。

4.保证财务报告及相关信息真实、完整

财务报告及相关信息是上市公司对外发布的反映企业财务状况、经营成果和现金流量的重要文件。企业通过对内部控制系统规章制度的完善、工作流程的优化、重点活动的控制、日常的检查和内部审计、经济业务活动的真实准确记录以及财务管理流程的规范等一系列活动的开展，保证财务报告及相关信息的真实、完整。

## 二、工作内容

企业内部控制是确保企业健康稳定发展的重要保障，内部控制（简称"内控"）已经成为帮助企业发现问题、解决问题的有效途径，企业基于内控五要素的规范要求开展内控工作是必由之路。

1.内部环境

建立健全内部控制实施组织体系是企业的首要任务。建立规范的法人治理结构和议事规则，构建组织结构、分配权责，积极开展内部审计活动，制定人力资源政策，大力推进企业文化建设，以达到在防范和化解企业面临的各类风险上形成合力的目的。

### 2.风险评估

企业进行风险分析、识别，提出应对策略是实施内部控制的关键一步。企业根据设定的控制目标、风险的可接受程度和重要性选择适当的分析技术和方法，收集相关的信息进行系统的风险分析，定期组织召开会议，深入全面地对风险进行评估，针对评估结果制定应对措施，为下一步控制活动的进行奠定基础。

### 3.控制活动

控制活动是企业根据风险评估体系所采用的控制手段，正确的控制活动能够帮助企业形成各司其职的工作机制。企业采用不相容岗位相互分离、内部授权审批控制、预算控制、归口管理、会计控制、单据控制、财产保护控制和信息内部公开等多种方法，叠加或交替进行内控活动实践，保证防范风险相关的控制活动得到实施。

### 4.信息与沟通

信息与沟通流畅是实施内部控制的重要条件。企业以提升全体员工沟通意识为基点，确定部门与岗位职责以及各个部门、各个岗位之间的相互关系，建立沟通机制和实施规范统一操作流程，加强不同部门之间的信息沟通，将信息沟通数据化、制度化、流程化，提高信息沟通的质量和效率。

### 5.内部监督

强化监督管理职能、堵塞业务管理漏洞是内部控制的一项动态持续的工作。企业在完善内控制度的基础上进一步完善内部监督制约职能，对业务管理程序的执行情况进行监督、检查，采用定期和不定期相结合的方式开展日常和专项监督检查，针对检查中发现的问题及时提出整改意见，跟踪督促，确保改进措施贯彻落实。

# 第三节 重 点 关 注

## 一、风险评估能力相对薄弱

企业对风险评估的重视程度不足，风险评估程序制定不严谨，风险评估项目不全、覆盖面不够，对风险评估的具体事项、评估的方法、评估的要求及风险类别、风险等级等规定过于笼统，导致在具体的操作过程中存在不知如何下手、操作不规范等现象。针对这一情况，企业应全员参与，提高对内控重要性的认识，建立健全内控风险评估机制和规范，科学严谨地开展风险评估工作，及时发现可控与不可控的都是哪些风险。对于可以内部自控的风险，判断这种风险是否能够接受，或能够将风险降低到哪一种程度，有针对性地制定应对策略，根据影响程度进行控制；对于不能自控的风险，或是接受，或是采取措施，减少有风险的生产经营业务。

## 二、内控制度的实用性、操作性存在不足

企业内控制度在实际运行过程中存在工作流程不够清晰、可操作性不强、描述不到位、职能部门业务流程接口衔接不够顺畅等问题。尤其业务层面的规章制度编写没有紧扣实际，编写的程序没有明确工作目标和约束条件，对工作指导作用不大，实用性不强。因此，为了切实解决相关问题，企业科学严谨、不折不扣地按照内控规范开展规章制度修订评审工作，是确保其适宜、充分且协调一致的先决条件。在充分评审的基础上策划规章制度的架构内容，充分结合企业自身的生产经营特点和管理现状，对涉及的职能以及接口关系进行清晰描述，明确过程运行所需的参与人员及职责，建立易于执行、务实高效、科学严谨的内控制度体系架构。

## 三、信息与沟通不规范，无法得到充分利用

企业在日常生产经营业务活动中，未规范信息在不同部门、岗位及内外部传递的方式、传递内容，保管要求，如：采用口头方式传递信息，事后无法确认，造成责任追究扯皮；采用表单方式传递信息，表单要素设计不全，表单信息不充分，必要信息遗漏；采用信息系统方式传递信息，系统中可供组织部门共享使用的信息不明确，系统与系统间数据如何传递并保持口径一致没有规定。种种不规范的信息传递方式导致信息质量较差，信息资源无法得到有效利用。针对上述问题，企业应规范员工接收信息和传递信息的方式，建立制度对信息传递的方式予以明确；对接收到的信息及时整理，进行数据核对，要做到信息、数据完整准确，无缺项漏项，按照财务相关规定妥善保管；对可能遗漏或含糊不清的信息，应及时和信息传递者进行再次确认，达成统一；在信息化系统上的信息应明确访问、下载权限和数据传递的口径，并确保在防护环境下运行和存储，应保持可读性，防止不当使用和数据丢失；传递信息时应保持原信息的客观准确性，不得随意修改变更信息内容。

## 四、缺乏完善的内控有效性评价体系

企业的内部控制自我评价未引起充分重视，部分企业依据规定建立了必要的内部控制制度，并在一定程度上实施了内部控制，但在实际工作中，内部控制并未发挥其应有的作用，在内部控制执行过程中，对控制失效严重的情况也未建立责任追究制。针对这一问题，企业在实施内部控制自我评价前，首先应建立全面的绩效评价指标，评价指标应覆盖渗透到评价单位内部控制的全过程。企业建立评价指标要以事实为基础，指标结构科学、清晰、合理，要进行评审并得到充分认可。评价指标应具有独立性、严肃性，确定

后不得随意更改，确保实施评价的各个环节独立、不受干扰。企业对内部控制制度自我评价过程中发现的问题，应结合企业行业内部控制特点进行统计总结，督促责任单位分析原因制定改进措施并监督其予以落实。

# 第十章

## 会计处理与财务规范

## 第一节　重点适用政策法规

（1）《中华人民共和国会计法》（2024年6月28日修订）；

（2）《中华人民共和国预算法》（2018年12月29日修订）；

（3）《企业会计准则——基本准则》（2006年2月15日发布）（简称《基本准则》）；

（4）《企业会计准则——具体准则》（2006年2月15日发布）（简称《具体准则》）；

（5）《企业会计准则——应用指南》（2006年10月30日发布）（简称《应用指南》）；

（6）《企业财务会计报告条例》（2000年6月21日发布）；

（7）《中华人民共和国税收征收管理法》（2015年4月24日修订）；

（8）《中华人民共和国企业所得税法》（2018年12月29日修订）；

（9）《中华人民共和国增值税暂行条例》（2017年11月19日）；

（10）《中华人民共和国发票管理办法》（2023年7月20日修订）；

（11）《会计档案管理办法》（2015年12月11日修订）；

（12）其他法规及地方相关条例。

# 第二节　重点内容及要求

## 一、准则适用

《企业会计准则——基本准则》《企业会计准则——具体准则》《企业会计准则——应用指南》依次自上而下形成企业会计准则的三个层次，构成我国的企业会计准则体系，并具有法律法规的效力，2007年1月1日起在上市公司范围内执行。2014年财政部对《基本准则》进行了修订，并制定及修订了8项《具体准则》，2017年财政部制定及修订了7项《具体准则》，沿用至今。准则体系是企业日常会计处理的基本规范，若企业会计业务未按准则执行，将会给企业IPO进程造成影响。

## 二、准则执行基本原则

### （一）会计政策与会计估计

会计政策，即企业在会计确认、计量和报告中所采用的原则、基础和会计处理方法。一般情况下，企业采用的会计政策，在每一会计期间和前后各期应当保持一致，不得随意变更。同时，若企业存在子（分）公司的情况下，需保持母子（分）公司的会计政策一致，保证会计核算工作的可比性和一致性。

会计估计体现了会计核算工作的谨慎性原则，是指对结果不确定的交易或事项以最近可利用的信息为基础所作出的判断。企业常见的会计估计包括坏账计提、存货可变现净值、固定（无形）资产折旧（摊销）年限及折旧（摊销）方法等。

### （二）会计核算基本要求

会计核算应当以实际发生的经济业务为依据，按照规定的会计处理方法进行。任何单位不得以虚假的经济业务事项或者资料进行会计核算。企业会计核算过程中，应注重会计工作的真实性、完整性、准确性、相关性、谨慎性、实质重于形式等相关会计原则，企业在IPO过程中需及时自查，严格遵守。

# 第三节　收　　入

## 一、收入适用准则及规范条例

财政部根据《基本准则》，于2017年7月修订并印发《企业会计准则第14号——收入》（财会〔2017〕22号）。在境内外同时上市的企业以及在境外上市并采用国际财务报告准则或企业会计准则编制财务报表的企业，自2018年1月1日起施行；其他境内上市企业，自2020年1月1日起施行；执行企业会计准则的非上市企业，自2021年1月1日起施行。

## 二、重点关注问题及解决思路

### （一）收入确认的时点

根据准则，企业应当在履行合同中的履约义务后，当客户取得相关商品控制权时确认收入。具体区分在某一时点履行的履约义务，还是在某一时段内履行的履约义务。

在实际经济业务中，企业可能存在以下问题：一是不同的业务合同，会存在对商品控制权转移时点的依据、所需要的支撑文件资料等条款不一样的情况；二是可能会随着执行条件的变化存在对商品控制权转移时点模糊，执行规范性尚需提高，资料交接传递时效性有待加强等问题。

针对收入确认实操中的问题，企业可采取以下解决方式：一是根据经济业务的实质由内而外，按照准则对不同模式采用不同的处理方法的规定，判断经济业务，确定商品控制权转移的时点；二是认真梳理购销合同，从合同条款查找判断履约义务的完成条件，明确可以作为收入确认依据的证明文件或资料，如商品转移客户签收单、客户验收确认单、销售发票、收款证明等；三是对能够证明收入依据的材料，企业在日常工作经营中应围绕其重点规范，形成相应较为固化的工作常态。

（二）收入确认的方法步骤

根据收入准则，收入的确认方法可以分为识别与客户签订的合同、识别合同中的单项履约义务、确定合同的交易金额、将合同总价分摊计入各单项履约义务、履行完成各单项履约义务时确认收入等五个步骤。

在实际操作中，企业可能存在以下问题：一是企业一般难以按照规范的标准步骤分析判断各要素、各阶段；二是通常存在合同由客户提供范本，合同内容与收入准则要求的要素存在差异等情况；三是对合同变更或补充的，同一业务但不同合同的收入确认存在偏差。

针对上述问题，企业应做到以下几点：一是企业取得的销售合同内容需要明确双方权利义务，明确支付条款，具有商业实质，相应的合同条款在可能的情况下尽量保持一致；二是要将合同履约义务进行分解，属于可明确区分商品的要作为单项履约义务；三是在确定合同总的交易价格时，应当考虑可变对价、合同中存在的重大融资成分、非现金对价、应付客户对价等因素的影响；四是如果合同中包含两项或多项履约义务，应当在合同开始日，按照各项义务的单独售价的相对比例，将合同总价分摊至各单项义务；五是当完成合同各单项履约义务时，通过取得收入确认的证明资料来确认收入。

（三）收入的计量

根据收入准则，收入的计量主要是确定销售合同的金额，以及将确定的合同金额分摊计入各单项履约义务。

在实际工作中，企业可能存在以下问题：一是由于合同条款基于双方对业务的需求，可能在合同条款中存在非现金对价、重大融资成分等需要关注的因素，使得确认的合同金额与按照收入规则的计量要求确认的金额不一致；二是如果合同履约的不同义务区分不清，将使合同金额分摊计入各单项义务的金额出现差错，进而影响收入的确认金额。

针对此问题，企业可采取以下解决方式：一是如果存在随外部条件变化的合同，以及带有融资等因素的合同，或合同双方均存在权利和义务的合同等，将需要按照合同价格分摊规则，将商品服务权利义务以外的因素通过合同金额变化的方法将其剔除，最终确定合同价格；二是将确定的合同价格，按照各单独履约义务单独售价比例等进行分摊。单独售价无法直接观察的，可采用市场调整法、成本加成法、余值法等方法合理估计单独售价。

（四）特定交易事项

根据收入准则，存在一些特殊交易事项，需要按照特定的交易规则进行处理。如附有销售退回条款的销售、附有质量保证条款的销售、附有客户额外购买选择权的销售、售后回购交易等。

在实际经济业务中，企业可能存在以下问题：一是当发生特殊交易事项时，对经济业务的实质性判断较日常业务难度加大，会计处理方法更为复杂；二是特殊交易事项发生频率低，往往忽略特殊交易事项的会计处理，将其作为一般业务进行核算。

针对特殊交易事项的问题，企业应做到以下几点：一是需要判别经济业务涵盖的内容，将其分解为不同业务，能从日常处理业务方法中辨别运用不同的核算处理方法；二是需要掌握企业存在的特殊交易事项，提升对业务经济事项的判别能力，以及对不同业务财务核算处理的专业能力。

（五）收入的列报

根据收入准则，企业需要在年报中披露收入确认和计量所采用的会计政策，对确定收入确认的时点和金额具有重大影响的判断和这些判断的变更，以及与本期确认收入、应收款项、合同资产和合同负债的账面价值，分摊至剩余履约义务的交易价格相关的信息。

在实际工作中，企业可能存在以下问题：一是存在收入确认时点找到统一标准的条件较为困难，特别是在企业有不同业务类型等情况下，要区别描述披露相关确认条件且符合企业实际执行可能存在一定难度；二是在判断应收款项时，区分合同资产、应收账款反映的不同收款条件边界在实际操作中存在模糊，可能使信息列报出现偏差。

针对可能存在的收入列报问题，企业应做到以下几点：一是要厘清应收账款、合同资产、合同负债、预收账款等不同科目反映的不同条件的经济事项；二是在实际执行业务的过程中，要以合同为依据，将收入确认依据时点在满足相关条件下尽量固化。列报做到统一标准，不同时期保持列报信息的可比。

# 第四节　成　　本

## 一、适用准则及规范条例

根据《中华人民共和国会计法》《企业会计准则》等国家有关规定，财政部制定《企业产品成本核算制度（试行）》，自2014年1月1日起在除金融保险业以外的大中型企业范围内施行，鼓励其他企业执行。本制度所称的产品成本，是指企业在生产产品过程中所发生的材料费用、职工薪酬等，以及不能直接计入而按一定标准分配计入的各种间接费用。

## 二、重点关注问题及解决思路

### （一）产品成本核算对象

按照制度规定，企业应当根据生产经营特点和管理要求，确定成本核算对象，归集成本费用，计算产品的生产成本。

在实际操作中，企业存在对成本核算对象的要求不明确，对自身生产经营特点与成本核算模式的匹配关联程度不够的问题。

针对该类问题，企业需要明确自身的生产经营特点来确定成本核算对象。具体方法：一是大量大批单步骤生产产品或管理上不要求提供有关生产步骤成本信息的，一般按照产品品种确定成本核算对象；二是小批单件生产产品的，一般按照每批或每件产品确定成本核算对象；三是多步骤连续加工产品且管理上要求提供有关生产步骤成本信息的，一般按照每种产品及各生产步骤确定成本核算对象。

### （二）产品成本核算项目和范围

根据制度内容，企业应当根据生产经营特点和管理要求，按照成本的经济用途和生产要素内容相结合的原则或者成本性态等设置成本项目。

在企业实际生产运营中，对成本费用产生的类别划分归属存在规则不一、涵盖不全、前后期保持不一致等问题。

针对存在的产品成本项目和范围问题，企业可采用以下方法：一是根据生产经营业务，明确可以归属产品成本费用的各种项目；二是根据生产特点，划分不同生产成本单元，明确成本的核算范围；三是设置直接材料、燃料和动力、直接人工和制造费用等成本项目。

（三）产品成本归集和分配

按照制度要求，企业所发生的费用，能确定由某一成本核算对象负担的，应当按照所对应的产品成本项目类别，直接计入产品成本核算对象的生产成本。由几个成本核算对象共同负担的，应当选择合理的分配标准分配计入。

在实务操作中，企业可能存在以下问题：一是存在产品成本归集不全，跨期错配的情况；二是根据企业生产不同产品特点，存在成本归集计入时点不统一的情况；三是对需要在产品中分摊的成本，分摊标准制定不科学，偏离成本真实值。

针对成本归集和分配问题，企业应做到以下几点：一是以月为周期，明确每月结账时间，并将相关的成本计入结账周期；二是根据所发生的有关费用能否归属于使产品达到目前场所和状态的原则，正确区分产品成本和期间费用；三是发生的直接材料和直接人工，能够直接计入成本核算对象的，应当直接计入成本核算对象的生产成本；四是根据生产经营特点，以正常生产能力水平为基础，按照资源耗费方式确定合理的分配标准，可以采取的分配标准包括机器工时、人工工时、计划分配率等。

（四）产品成本管理

企业可以编制、执行企业产品成本预算，对执行情况进行分析、考核，落实成本管理责任制，加强对产品生产事前、事中、事后的全过程控制，加强产品成本核算与管理各项基础工作。

在实际生产运营中，企业可能存在以下问题：一是管理精度不高，产品成本结果指导性不强；二是产品成本相关业务流程不规范，材料领用管控不严，存在浪费现象；三是产品成本预算缺乏科学性，成本管控责任失真；四是业财融合不到位，不能很好做到事前、事中的管控。

针对上述问题，企业可采取以下方式：一是按照成本核算要求，根据企业生产特点，梳理业务流程，明确成本控制点；二是整合资源，调整不必要的设置，减少产品交接中间环节；三是科学制定成本预算，深入分析产生成本的动因，合理减少成本支出，制定既符合产品特点又满足成本节约的成本预算目标；四是加强业务财务的融合，打破相互工作内容界限，信息互通，资源共享，促进企业业财融合工作。

# 第五节　毛　利　率

## 一、毛利率指标对企业IPO的重要性

毛利率指标是衡量企业经营、盈利能力的重要财务指标，也是企业IPO过程中外界最为关注的财务指标。从2017年7月起，证监会发审委共计审核300余家IPO企业，其中IPO被发审委提出毛利率相关问题的公司占比43%。未通过审核的占被问及毛利率相关问题企业比超过百分之四十。可见，毛利率因素对公司能否成功IPO有重大影响。

## 二、重点关注问题及解决思路

### （一）毛利率与同行业可比公司偏差

在IPO过程中，因毛利率与同行业可比公司有偏差而被质询的企业占据了被质询企业数量近50%。因同行业企业的主营业务产品属性归类、受众群体、行业政策等方面存在相似或相近之处，因此相应的盈利水平一般保持在一定范围之内。IPO企业毛利率与同行业偏差较大的情况将是监管机构问询的重点。

若企业毛利率与同行业相比差异较大，企业可以重点考虑以下因素：一

是虽属同行业，但公司产品在材质、工艺等优于同行业企业产品；二是公司在行业的领先地位、声誉、品牌效应等因素的影响；三是优质项目对企业资质实力等要求门槛高，公司具备相应条件，较同行业可比公司合同承揽质量高。

（二）毛利率波动

IPO公司的毛利率在其报告期内波动较易引起质疑和问询。一是企业在报告期的较短时期内，若主营业务没有发生重大变化，没有投资并购等重大重组行为，在行业政策趋势较为稳定的情况下，企业毛利率应该保持相对平稳的态势；二是毛利率变化反映出企业自身存在的其他问题，特别是营业收入、净利润等其他主要财务指标的变动方向与毛利率波动状态不一，则有可能对公司的IPO有较大影响。

若企业在IPO报告期内毛利率波动较大，可以考虑的因素：一是确认营业收入计量口径，成本费用归集口径，保持前后各期可比；二是企业销售模式在报告期内发生变化，将产品直接销售于客户，减少中间环节，提升产品销售价格；三是不同板块业务量在各期占比存在差异，致使企业整体毛利率前后各期出现波动；四是企业创新生产管理，实现降本增效。

（三）项目毛利率差异

项目毛利率差异是指IPO公司某一业务的毛利率显著高于其他业务的毛利率。这种差别可以是多方面的，比如对特定客户与对一般客户毛利率差异、特定项目与其他项目毛利率差异、外销与内销业务毛利率差异等。该类毛利率在IPO申报过程中具有一定重要性。

若企业在IPO报告期内项目毛利率波动较大，可以主要考虑的因素：一是地区差异致使产品在适应气候环境等外部因素方面存在差异，实现相同作用的产品在技术、材质等方面不一致，使不同项目毛利率波动；二是不同项目客户存在差异，客户的采购购买模式不同，使不同项目盈利情况不同；三是不同项目竞争对手存在差异，使企业投标报价采取不同策略，影响最终中标价格，使不同项目毛利率存在差异。

### （四）关联方与非关联方毛利率差异

在企业IPO过程中，监管机构关注关联方与非关联方毛利率差异，主要是从同一产品在关联方与非关联方销售的毛利率波动考虑企业承揽经营的规范性、程序的合规性、业务的独立性、关联交易的公允性等问题。

若企业同种或同类产品在关联方和非关联方销售的毛利率存在一定差异，可以考虑以下四个主要因素：一是公司在招投标过程中承揽合规合理，手续齐全，公开透明；二是不同项目本身存在的不同特点，符合客观条件；三是关联方同一时期对不同供应商的采购价格在合理区间范围以内；四是企业在不同客户之间的销售价格符合市场行情，价格公允可比。

# 第六节　应收账款、应收票据坏账准备

## 一、适用准则及规范条例

根据《企业会计准则——基本准则》，财政部2017年3月修订颁布《企业会计准则第22号——金融工具确认和计量》（财会〔2017〕7号）。在境内外同时上市以及在境外上市并采用《国际财务报告准则》或《企业会计准则》编制财务报告的企业，自2018年1月1日起施行；其他境内上市企业自2019年1月1日起施行；执行企业会计准则的非上市企业自2021年1月1日起施行。

## 二、重点关注问题及解决思路

### （一）应收账款

应收账款包括企业在经营过程中因销售商品服务等业务，应向购买单位收取的款项。应收账款是伴随企业的销售行为发生而形成的一项债权。

在实务操作中，企业应收账款需要注意的事项：一是应收账款的产生以及结余大小，与企业对客户管理的信用政策相关，可能存在客户信用较低，无法收回账款的情况；二是存在应收账款账龄划分不清的问题；三是应收账款与企业营业收入相关，要注意应收账款的真实性问题；四是商品接收方与货款结算方存在不一致的，可能存在账务处理错误的情况。

针对应收账款问题，企业应做到以下几点：一是应建立与营业规模相符的账期政策，确保应收账款能够在较短时间内收回，降低坏账的可能性；二是要准确划分应收账款的账龄，按照不同年限的账龄分类管理应收账款，做到核算清晰，管理有序；三是对公司的应收账款采取电话询证、函证、走访等形式，核实客户及应收账款的真实准确；四是准确梳理销售合同，厘清三方或多方买卖关系，以正确进行账务处理。

（二）应收票据

应收票据是企业持有的未到期或未兑现的商业票据，是一种可以由持票人自由转让给他人的债权凭证。

在实务操作中，企业可能存在的问题：一是在行业资金紧张阶段，商业票据有可能成为现金支付的替代品，企业可能收到或自行开具各种各样的商业票据，企业对票据的管理需要进一步加强；二是对信用等级较低的客户或承兑方，可能存在票据到期无法收到资金的可能；三是企业IPO对应收票据核算规则与一般核算规则存在差异，IPO对应收票据的核算需更加谨慎。

针对应收票据可能存在的问题，企业应做到以下几点：一是对应收票据建立台账，对收到、背书或开出的票据进行专项管理。二是尽量减少收取商业票据的可能，更多争取现金收款。对只能收取票据的，要尽可能收取银行承兑，且是信用等级较高的银行出具的，对收取的一般商业票据，要重点管理，建立票据追踪机制。三是对IPO应收票据的核算，要严格按照相关要求规范列报。对承兑银行等级高的国有银行、股份制银行在背书或贴现时可以进行下表核算，对其他银行的承兑汇票或商业承兑汇票在到期承兑前不能下表列报。

### （三）坏账准备

坏账准备是对企业的应收款项（含应收账款、应收票据、其他应收款等）计提的，企业每期末采用一定的方法估计坏账损失，提取坏账准备。

在实务操作中，企业可能存在的问题：一是坏账准备没有按照与客户信用风险等级相匹配的比例计提；二是与同行业企业坏账准备计提比例存在较大差异，可能存在低估坏账发生的风险；三是坏账准备的计提比例不仅与客户类型有关，而且与坏账形成的账龄有关，对应收账款账龄的准确划分，影响坏账准备计提的准确性。

针对坏账准备相关的问题，企业应做到以下几点：一是按照与上级控股股东对客户的分类，统一坏账计提比例，做到对不同的客户计提比例有章可循；二是加强对应收款项的管理，动态管理台账，方法统一，准确划分应收款项账龄，做到坏账准备计提准确；三是加强对客户回款的催收工作，尽量降低发生坏账的可能性，确保计提的坏账准备余额可以涵盖实际发生的坏账金额。

# 第七节　存　货

## 一、适用准则及规范条例

《企业会计准则第1号——存货》（财会〔2006〕3号）（2006年2月印发）。

## 二、重点关注问题及解决思路

存货是指企业在日常活动中持有以备出售的产成品或商品、处在生产过程中的在产品、在生产过程或提供劳务过程中耗用的材料和物料等，主要包括各类材料、在产品、半成品、产成品、发出商品等。存货的成本包括采购成本、加工成本和其他成本。

在实际经济业务中，企业可能存在的问题：一是存货入账不及时、不规范，导致存货实物与账务信息不一致；二是存货成本计量不准确，存货跌价准备计提标准不明确，计提不及时；三是存货类别划分标准不清晰，业务与财务表述不统一。

针对存货问题，企业应做到以下几点：一是通过定期和不定期存货盘点核查存货实物与账务的准确一致性；二是对存货建立台账，准确划分存货年限，明确呆滞物品判断标准，准确计提存货跌价准备；三是将财务核算标准的存货分类要求与产品生产运营相结合，准确清晰划分不同种类存货界限。

# 第八节　研　发　支　出

## 一、适用准则及规范条例

（1）《企业会计准则第6号——无形资产》（2006年2月15日发布）；

（2）《国家税务总局关于企业研究开发费用税前加计扣除政策有关问题的公告》（国家税务总局公告〔2015〕第97号）（2015年12月29日发布）；

（3）《关于提高研究开发费用税前加计扣除比例的通知》（财税〔2018〕99号）（2018年9月20日发布）；

（4）《高新技术企业认定管理办法》（科技部、财政部、国家税务总局〔2016〕32号）（2016年1月29日发布）；

（5）当地财政、税务、工信等部门有关研发支出的相关规定。

## 二、重点关注问题及解决思路

### （一）研发支出费用化与资本化

与研发相关可以计入资产并按照受益年限进行摊销的支出为资本化支出，其影响未来年度利润。与研发相关需计入当期损益的支出为费用化支出，其影响本年度利润。

在实际操作中，企业可能存在以下问题：一是对于研发支出的会计处理，存在较大的主观估计，是实务中的难点，也是审计辨识、认定的困难；二是资本化支出和费用化支出的判断，直接影响当期及以后期间的利润；三是研究阶段与开发阶段界限划分模糊。

针对研发费用化与资本化的问题，企业应做到以下几点：一是研发项目立项实施等环节资料齐全，可以明确研究阶段与开发阶段的划分区别；二是对开发阶段不能资本化的事项要明确划分，对开发阶段可以资本化界限的判断要有标准；三是对研发支出费用化还是资本化对利润的影响要进行预测，避免造成利润波动较大；四是对于相同或类似研发项目，需采取一致的会计处理。

### （二）研发支出归集

研发支出归集主要是将与研发项目相关的成本费用按一定分类进行规整，并按研发项目维度进行研发支出核算。

在实际业务中，研发支出归集存在的问题：一是企业在研发支出分类时，没有按照相关文件的指导进行分类；二是研发项目立项手续不全，变更较多；三是研发支出对研发项目指向不清，共用费用较多。

针对研发支出的实际问题，企业应做到以下几点：一是对于研发项目分类，可以根据公司研发项目特点，并结合税务、财政等部门相关文件，制定符合会计核算的费用分类；二是企业需要科学计划研发项目，完善研发项目立项备案等手续，做好研发部门与财务部门的对接工作；三是尽量将研发支出指向具体研发项目，对确无法直接指明的，要采取科学合理的分配规则将间接费用分配计入具体项目；四是要保证研发费用占营业收入的比例达到高新技术企业标准。

（三）研发费用加计扣除

按照税法规定在开发新技术、新产品、新工艺发生的研究开发费用的实际发生额的基础上，再加成一定比例，作为计算应纳税所得额时的扣除数额的一种税收优惠政策。

在企业实际业务中，企业可能存在以下问题：一是对研发费用中可以加计扣除的业务不清晰；二是对会计核算研发支出范围、高新技术企业对研发费用归集范围、研发费用加计扣除业务范围三者区别不清。

针对研发费用加计扣除问题，企业应做到以下几点：一是要厘清可以计入研发支出核算的范围，明确高企认定的研发费用与加计扣除之间的逻辑关系；二是研发支出加计扣除、高企所得税减免等主要以税法相关规定为准，要重点关注税收政策，找出不同法律条文之间的内在联系，将研发项目、高企认定、加计扣除等做到正确区分。

# 第九节　固 定 资 产

## 一、适用准则及规范条例

《企业会计准则第4号——固定资产（2006）》（财会〔2006〕3号）（2006年2月印发）。

## 二、重点关注问题及解决思路

固定资产是企业为生产商品、提供劳务、出租或经营管理而持有的且使用寿命超过一个会计年度的有形资产。

在实操中，企业可能存在的问题：一是固定资产初始成本计量不准确；二是固定资产折旧年限、折旧方法前后各期不一致；三是对存在减值迹象的固定资产不计提减值准备；四是固定资产卡片登记不规范。

针对固定资产相关问题，企业应做到以下几点：一是要按照固定资产初始计量要求，准确归集核算固定资产成本，对由在建工程转入的固定资产，需要确定固定资产成本归属界限或方法；二是要按照固定资产预期使用的经济寿命合理估计使用年限和折旧方法，并在报告期内保持一致；三是定期或不定期对固定资产进行盘点，对存在减值迹象的，及时准确地计提跌价准备；四是要按照档案管理的要求正确登记保管固定资产卡片。

# 第十节 在 建 工 程

## 一、适用准则及规范条例

《企业会计准则第4号——固定资产（2006）》（财会〔2006〕3号）（2006年2月印发）。

## 二、重点关注问题及解决思路

在建工程是为建造或购置固定资产而尚未使后者达到预定可使用状态前，归集所发生的成本费用。

在实际业务中，企业可能存在的问题：一是在建工程未按在建项目准确设置辅助明细，在建工程核算不规范；二是在建工程相关支出可能无法形成资产，仍在在建工程核算；三是在建工程项目已达到预定可使用状态而不结转至固定资产。

针对在建工程可能存在的问题，一是在建合同条款清晰，明确在建成本支出明细项目，明确资产达到预定可使用状态的条件；二是对发生闲置、废弃、毁损和减值的在建工程，按要求计提减值准备，或及时处置相关在建工程；三是准确划分在建项目，正确归集在建工程成本；四是明确在建工程与固定资产的衔接规则。

# 第十一节　应　付　账　款

## 一、适用准则及规范条例

《企业会计准则第22号——金融工具确认和计量》（财会〔2017〕7号）。

## 二、重点关注问题及解决思路

应付账款是核算企业因购买材料、商品和接受劳务等经营活动应支付的款项。

在实际经济业务中，企业可能存在的问题：一是对企业已收货而未收到采购发票的暂估应付，存在采购发票金额与前期暂估金额不一致的情况；二是应付账款账龄划分不清，可能存在欠款法律风险；三是应付账款与成本相关，应付账款计量不准确，可能对损益产生影响。

针对应付账款问题，企业应做到以下几点：一是对暂估应付账款应按照物资采购合同价格，在存货采购入库时作为债务的入账金额；二是建立台账，准确划分债务账龄，合理匹配货款支付金额，减少相关法律风险；三是通过函证、走访等方式，核实应付账款的真实性和准确性。

# 第十二节　税　务

## 一、适用准则及规范条例

（1）《企业会计准则第18号——所得税（2006）》（财会〔2006〕3号）（2006年7月27日发布）；

（2）《中华人民共和国税收征收管理法》（2015年4月24日发布）；

（3）《中华人民共和国企业所得税法》（2018年12月29日发布）；

（4）《中华人民共和国增值税暂行条例》（2017年11月19日修订）。

## 二、重点注意问题及解决思路

### （一）涉税业务日常管理

在日常税务业务中，企业可能存在的问题：一是纳税申报不及时，特别涉及不同税种的企业，可能存在纳税申报周期、申报方式等不同，致使申报不及时、不规范，产生税务征收风险；二是纳税申报材料填报不规范，经济业务实质判断不清，税额计算不准确；三是税收发票真伪辨别困难，难以判断发票内容是否真实反映经济业务；四是税务列账不规范。

针对日常涉税问题，企业要做到以下几点：一是税收法律体系庞杂，需要实时更新宣贯储备，掌握不同业务类型涉及的税收事项，准确计算各类税种的金额，及时填报税收征收资料，及时将税收缴纳入库；二是通过正规税务网站、征收管理机关等渠道，核实发票真伪；三是了解经济业务实质，掌握相关证明资料，确定发票信息流、资金流、货物流等保持一致；四是将会计核算规则与税务相关规定衔接，正确核算相关税款，账务处理正确。

（二）股份改制税务问题

重点关注有限公司改制为股份公司税务问题。企业整体改制在将有限公司净资产金额整体折算为股份公司股本时，应注意以下几点：一是资本公积金、其他综合收益转增股本，不缴纳企业所得税、印花税等税款。二是盈余公积、未分配利润转增股本，视同利润分配，需缴纳印花税。属个人股东部分，需缴纳个人所得税；属法人股东部分，无需缴纳企业所得税。三是计入所有者权益的专项储备，如安全生产储备，在改制时不作为折股金额，需保留至改制后对应的财务报表专项储备列报。

# 第十一章
# 生 产 管 理

## 第一节　重点适用政策法规

（1）《中华人民共和国安全生产法》（2021年6月10日修订）；

（2）《中华人民共和国职业病防治法》（2018年12月29日修订）；

（3）《中华人民共和国环境保护法》（2014年4月24日修订）；

（4）《中华人民共和国放射性污染防治法》（2003年6月28日发布）；

（5）《中华人民共和国节约能源法》（2018年10月26日修订）；

（6）《中华人民共和国特种设备安全法》（2013年6月29日发布）；

（7）《中华人民共和国民法典》（2020年5月28日发布）；

（8）《特种设备安全监察条例》（2009年1月24日修订）；

（9）《工伤保险条例》（2010年12月20日修订）；

（10）《生产安全事故应急条例》（2019年2月17日发布）。

# 第二节　重点内容及要求

生产计划的下达实施及生产组织须能够满足履约要求，须通过生产过程控制保证产品质量，通过定期统计分析生产数据保障生产系统高效运转。

安全和职业健康管理、环保管理、能源管理和设备管理等工作须满足公司规范运行要求。

# 第三节　重 点 关 注

## 一、生产模式

必须明确公司生产模式类型。根据市场情况确定是订单式生产、以销定产，或是计划式生产、库存式生产，即离散型生产或连续型生产。

## 二、生产的合规性

（1）生产场所必须通过环境影响评价，污染物排放必须取得相应行政许可或登记。

（2）企业主要负责人和安全管理人员必须经过地方应急管理部门的安全管理培训。上市企业须有属地县级以上安全监管监察、环保部门开具的近一年的安全生产守法证明和环保守法证明。

## 三、生产环节

（1）产品须明确列示自产生产环节至外协生产环节，具体生产环节中使用的主要原材料、主要生产设备、核心技术，核心技术工序和关键产品须主要依靠自产完成；

（2）公司产品主要生产工序的自有产能与主要工序机器设备数量和金额、生产人员数量必须匹配，必须与报告期实际产能、产量和经营规模相符。

## 四、生产要素

（1）机器设备的设备成新率必须与发行人的技术水平和行业地位相符，固定资产折旧年限必须合理，不得与同行业可比公司存在重大差异，报告期内新增的固定资产须与产能增量相符，如发生固定资产减值须有合规判定依据。

（2）须明确公司产线及对应的主要设备情况，当生产设备设施出现共线时，能够实现各产线之间的产品切换和产能调配。

（3）按照公司主要产品列示产能利用率，产能利用率须达到一定标准。

# 第十二章
## 物 资 管 理

## 第一节　重点适用政策法规

（1）《中华人民共和国民法典》（2020年5月28日发布）；

（2）《中华人民共和国招标投标法》（2017年12月27日修订）；

（3）《危险化学品安全管理条例》（2013年12月7日修订）；

（4）《易制毒化学品管理条例》（2018年9月18日修订）。

## 第二节　重点内容及要求

规范和完善物资工作，确保物资管理的规范化、制度化、标准化、信息化，提高物资管理水平和效率。依据国家有关法律法规物资管理规定，应始终坚持"质量第一，服务生产"的宗旨，建立健全组织体系和制度体系，应用信息化手段，实现"采购合规，保证质量，保障供应，价格可控、消耗可控、风险可控"的总体管理目标。

规范物资仓储管理，确保物资仓储管理的规范化、标准化、精细化，提升企业仓储管理水平，提高仓储管理质量，保障物资的验收、保管、发放、回收等过程的合理规范。

# 第三节　重点关注

## 一、采购方式

要严格按照国家招投标法的规定对各类满足招标要求的物资进行招标，不满足招标条件的可按照规定进行竞争性谈判、询价等方式的采购。采购时通过各类大型采购平台，运用合理的价格构成方式，参照各类市场价格采用适用企业本身的定价方式进行确价，确保以最优的方式采购到所需的物资。

在物资采购管理过程中，通过中铁鲁班商务网、公司官网等公开平台对各类材料进行公开采购，根据不同的物资种类及特性，找到适合的采购方式，主要分为公开采购、竞争性谈判、单一来源谈判、询价采购等；根据物资的不同采取不同的采购方式，在确保物资质量的同时最大限度地增强供应商竞争力度，从而降低采购成本。

## 二、供应商管理

（1）完善体系建设。规范和加强供应商管理，有效地对供应商生产、质量、管理及生产过程实施管控，发展维护稳定的供应商，确保供应商提供符合质量要求、价格适宜的产品。

（2）实施合格准入制。净化采购渠道，降低采购风险，保证采购质量，加快电子商务应用，通过招募、招标、新产品研发引入有资质且满足生产要求的供应商，实行合格准入制，确保供应商准入的合规性及物资质量；

（3）供应商考核评价。为确保采购质量，提高采购效率，要增加供应商评价机制，从供货质量、供货准时性、供货价格、服务水平等方面对供应商进行考核，促使供应商不断改进，不断提升物资采购质量。

（4）进一步完善公司供应商管理体系，保证履约供应，加快电子商务应用，建立公开、公正、公平、有序的采购竞争机制。中铁鲁班商务网和公司官网对供应商进行公开招募，进一步扩充公司供应商队伍，强化供应商竞争机制，确保采购到更优质的货物，保证供应商管理工作有序提升。

（5）为加强供应商质量保证能力，公司通过下发技术交底、现场工艺检查等方式做好与供应商沟通中技术条款等方面的确认及结果的记录，强化供应商生产过程的跟踪，对相关问题及时地反馈并予以解决，防止批量不合格品的产生，更好地保证了供应商管理和各类采购物资质量管理工作有序开展。

### 三、采购范围

要明确企业的物资采购范围，如原材料、半成品、委外加工等，企业在确定采购范围时，要杜绝将涉及核心工艺、产品的物资纳入采购范围的情况发生。

### 四、关联交易

企业在发生关联采购时，要关注关联采购价格的公允性，须对同类采购物资在其他非关联方中的采购价格进行对比，避免关联采购价格超出市场行情。

## 五、结算、支付

须在采购文件及采购合同中规范结算、支付条件，合理设定支付方式和支付进度，并严格执行，同时合理地应用银行产品、金融工具，确保采购资金合理、有序支付，防范结算支付风险。

## 六、仓储管理

（1）企业在办理采购物资入库、出库时，必须对各类证明性资料进行验收，确保出入库时账物相符；

（2）要保证储存在库房的物料的品质，确保物料不受到不良环境的影响而产生变质劣化；

（3）要定期组织库存盘点，确保物账统一，防止成本核算数据出现偏差。

第五编

# 申　报

# 第一章
## 申报材料制作

## 第一节　重点适用政策法规

（1）《上海证券交易所科创板企业发行上市申报及推荐暂行规定》（2021年4月16日修订）；

（2）《上海证券交易所科创板发行上市审核业务指南第1号——发行上市申请文件》（2020年9月16日发布）；

（3）《上海证券交易所科创板股票发行上市审核系统办理业务指南》（2019年3月15日发布）。

## 第二节　重点内容及要求

### 一、申报材料的主要内容

根据《上海证券交易所科创板企业发行上市申报及推荐暂行规定》《上

海证券交易所科创板发行上市审核业务指南第1号——发行上市申请文件》等，申报文件包括以下几种。

（1）招股文件：招股说明书（申报稿）。

（2）发行人关于本次发行上市的申请与授权文件：

1）关于本次公开发行股票并在科创板上市的申请报告；

2）董事会有关本次发行并上市的决议；

3）股东大会有关本次发行并上市的决议；

4）关于符合科创板定位要求的专项说明。

（3）保荐人和证券服务机构关于本次发行上市的文件：

1）关于发行人符合科创板定位要求的专项意见；

2）发行保荐书；

3）上市保荐书；

4）保荐工作报告；

5）关于发行人预计市值的分析报告（如适用）；

6）保荐机构相关子公司参与配售的相关文件（如有）；

7）保荐人关于发行人、签字保荐代表人申报的在审企业家数等执业情况的说明与承诺；

8）财务报表及审计报告；

9）发行人审计报告基准日至招股说明书签署日之间的相关财务报表及审阅报告（如有）；

10）盈利预测报告及审核报告（如有）；

11）内部控制鉴证报告；

12）经注册会计师鉴证的非经常性损益明细表；

13）法律意见书；

14）律师工作报告；

15）关于发行人董事、监事、高级管理人员、发行人控股股东和实际控制人在相关文件上签字盖章的真实性的鉴证意见；

16）关于申请电子文件与预留原件一致的鉴证意见。

（4）发行人的设立文件：

1）发行人的企业法人营业执照；

2）发行人公司章程（草案）；

3）发行人关于公司设立以来股本演变情况的说明及其董事、监事、高级管理人员的确认意见；

4）商务主管部门出具的外资确认文件（如有）。

（5）与财务会计资料相关的其他文件：

1）发行人最近三年及一期所得税纳税申报表；

2）有关发行人税收优惠、政府补助的证明文件；

3）主要税种纳税情况的说明；

4）注册会计师对主要税种纳税情况说明出具的意见；

5）发行人及其重要子公司或主要经营机构最近三年及一期纳税情况的证明；

6）最近三年及一期原始财务报表；

7）原始财务报表与申报财务报表的差异比较表；

8）注册会计师对差异情况出具的意见；

9）发行人设立时和最近三年及一期资产评估报告（如有）；

10）发行人历次验资报告或出资证明；

11）发行人大股东或控股股东最近一年及一期的原始财务报表及审计报告（如有）。

（6）关于本次发行上市募集资金运用的文件：

1）发行人关于募集资金运用方向的总体安排及其合理性、必要性的说明；

2）募集资金投资项目的审批、核准或备案文件（如有）；

3）发行人拟收购资产(或股权)的财务报表、审计报告、资产评估报告和盈利预测报告（如有）；

4）发行人拟收购资产(或股权)的合同或合同草案（如有）。

（7）其他文件：

1）发行人拥有或使用的对其生产经营有重大影响的商标、专利、计算机软；件著作权等知识产权以及土地使用权、房屋所有权等产权证书清单；

2）发行人律师就上一条产权证书清单所列产权证书出具的鉴证意见；

3）特许经营权证书（如有）；

4）对发行人有重大影响的商标、专利、专有技术等知识产权的许可使用协议（如有）；

5）重大关联交易协议（如有）；

6）重组协议（如有）；

7）特别表决权股份等差异化表决安排涉及的协议（如有）；

8）高管员工配售协议（如有）；

9）其他重要商务合同（如有）；

10）特定行业（或企业）的管理部门出具的相关意见（如有）；

11）发行人及其实际控制人、控股股东、持股5%以上股东以及发行人董事、监事、高级管理人员等责任主体的重要承诺以及未履行承诺的约束措施；

12）有关消除或避免同业竞争的协议以及发行人的控股股东和实际控制人出具的相关承诺；

13）发行人全体董事、监事、高级管理人员对发行申请文件真实性、准确性、完整性的承诺书；

14）发行人控股股东、实际控制人对招股说明书的确认意见；

15）发行人关于申请电子文件与预留原件一致的承诺函；

16）保荐人关于申请电子文件与预留原件一致的承诺函；

17）发行人保证不影响和干扰审核的承诺函；

18）发行人关于申请文件不适用情况的说明；

19）发行人关于招股说明书不适用情况的说明；

20）信息披露豁免申请（如有）；

21）保荐协议；

22）辅导备案文件；

23）其他文件。

## 二、申报材料信息来源

保荐机构通过发行人及发行人各级股东提供、现场查阅及访谈等方式获取信息并编制申报材料。

## 三、申报材料的编制与审核

申报材料主要由保荐机构、会计师事务所及律师事务所编制，编制过程中发行人应全力配合，确保申报材料完整、真实、准确。

募投项目及募集资金投向应由发行人根据企业发展需求进行规划、设计，必要时可聘请专业机构。

# 第三节　重点关注

## 一、申报文件的真实性、准确性

申报材料种类繁多，招股说明书作为重要申报材料之一，信息全面，是上交所、证监会及投资者获取信息的最直接材料。发行人及各关联方应对保荐机构编制的招股说明书的真实性及准确性进行严格把关，确保披露内容、底稿资料的前后一致性及关联性。

## 二、申报材料电子化及校对检查

《上海证券交易所科创板股票发行上市审核系统办理业务指南》要求，科创板IPO项目申请为电子化申报，鉴于项目申请文件底稿电子化工作量较大且监管要求的报送时间较为紧张，保荐机构很难在规定时间内保质保量完成。一般情况下，发行人在确定申报时间后会聘请专业印务公司，对申报文件进行电子化制作及底稿整理校对。

# 第二章
# 辅　导　验　收

## 第一节　　重点适用政策法规

《首次公开发行股票并上市辅导监管规定》（证监会公告〔2024〕2号）（2024年3月15日发布）。

## 第二节　　重点内容及要求

### 一、辅导主要内容

辅导机构根据证监会、上交所等机构发布的相关法律法规，根据辅导对象的具体情况和实际需求，确定辅导的具体内容，制订辅导计划及实施方案，确保辅导对象具备进入证券市场的基本条件。辅导内容主要包括以下几项：

（1）督促辅导对象按照有关规定初步建立符合现代企业制度要求的公司治理基础，促进辅导对象的董事、监事、高级管理人员以及持有5%以上（含5%）股份的股东和实际控制人（或其法定代表人）全面掌握发行上市、规范运作等方面的法律法规和规则，知悉信息披露和履行承诺等方面的责任和义务。

（2）核查辅导对象在公司设立、改制重组、股权设置和转让、增资扩股、资产评估、资本验证等方面是否合法、有效，产权关系是否明晰，股权结构是否符合相关规定。

（3）督促辅导对象实现独立运营，做到业务、资产、人员、财务和机构独立完整，主营业务突出，形成核心竞争力。

（4）核查辅导对象是否按规定妥善处置了商标、专利、土地、房屋等的法律权属问题。

（5）督促规范辅导对象与控股股东及其他关联方的关系。

（6）督促辅导对象建立和完善规范内部决策和控制制度，形成有效的财务、投资以及内部约束和激励制度。

（7）督促辅导对象建立健全公司财务会计管理体系。

（8）督促辅导对象形成明确的业务发展目标和未来发展计划，并制定可行的募股资金投向及其他投资项目的规划。

## 二、辅导备案程序

（1）选聘辅导机构。

（2）辅导机构进场：辅导机构在与企业达成辅导意向后，提前介入企业发行上市方案的总体设计及具体操作。

（3）签署协议、登记备案：待改制重组完成、股份公司设立后，企业和辅导机构签订正式的辅导协议，并在辅导协议签署后5个工作日内到企业所在地的证监会派出机构办理辅导备案登记手续。

（4）报送辅导工作备案报告：从辅导开始之日起，辅导机构每3个月向证监会派出机构报送1次辅导工作备案报告。

（5）问题整改：辅导机构对企业存在的问题，提出整改建议，督促企业完成整改。

（6）辅导培训：辅导机构在辅导期内对接受辅导的人员（包括持股5%及以上股份的股东或其法定代表人、公司董事、监事、高管）进行至少1次现场培训。

（7）辅导验收：辅导机构完成辅导工作，且已通过首次公开发行股票并上市的内核程序后，向证监会派出机构报送齐备的辅导验收材料。验收机构结合辅导验收材料，进行现场辅导验收。

辅导验收期间，辅导机构组织辅导培训人员进行证券市场知识测试，并由证监会派出机构监督，全体应试人员最终考试成绩应合格。

# 第三节　重　点　关　注

## 一、辅导期及辅导报告

辅导期自完成辅导备案之日起计算，至辅导机构向验收机构提交齐备的辅导验收材料之日止，原则上不少于三个月。

辅导期内，辅导机构应在每季度结束后十五日内更新辅导进展情况报告（辅导备案日距最近一季度末不足三十日的，可以将有关情况并入次季度辅导工作进展情况报告）。

## 二、证券市场知识测试

保荐机构及辅导对象应及时与证监会派出机构沟通，预约辅导考试时间。应试人员应积极准备，确保顺利通过测试。

如考试不通过，则再行预约考试，直至全部考试合格。

已取得独立董事、董事会秘书资格的，可以申请豁免参加证券市场知识测试。

一般情况下，董事长、董事会秘书及财务负责人测试合格分数线为90分，其他人员测试合格分数线为80分。

## 三、辅导验收现场核查

验收机构进行现场辅导验收，辅导对象应积极准备，配合验收机构进行现场核查。

第三章

# 审 核 注 册

## 第一节　重点适用政策法规

（1）《上海证券交易所科创板股票发行上市审核规则》（2020年12月4日修订）（现已废止）；

（2）《上海证券交易所科创板上市公司证券发行上市审核问答》（2019年3月3日发布）（现已废止）；

（3）《保荐人通过上海证券交易所科创板股票发行上市审核系统办理业务指南》（2019年3月15日发布）；

（4）《上海证券交易所科创板股票发行上市申请文件受理指引》（2019年3月1日发布）；

（5）《上海证券交易所科创板股票发行上市审核规则》（2020年12月4日修订）（现已修改为《上海证券交易所股票发行上市审核规则》）；

（6）《科创板首次公开发行股票注册管理办法（试行）》（2019年3月1日发布）（现已修改为《首次公开发行股票注册管理办法》）。

# 第二节　重点内容及要求

发行人通过保荐人以电子文档形式提交发行上市申请文件，上交所审核机构收到申请文件后，将于5个工作日内通过系统发送受理或不予受理的通知。

## 一、上交所问询回复

上交所审核机构自受理之日起20个工作日内发出审核问询，发行人及保荐人应及时、逐项回复问询。审核问询可多轮进行。首轮问询发出后，发行人及其保荐人如确需当面沟通的，可通过发行上市审核系统预约。审核机构认为不需要进一步问询的，将出具审核报告提交上市委员会。

## 二、上市委会议审议

科创板股票上市委员会（简称"上市委"）召开会议对上交所审核机构出具的审核报告及发行人上市申请文件进行审议，与会委员就审核机构提出的初步审核意见，提出审议意见。上市委员会可以要求发行人代表及其保荐人进行现场问询。上市委员会通过会议形成发行人是否符合发行条件、上市条件和信息披露要求的审议意见。

## 三、报送证监会及注册

发行人的发行上市申请通过上海证券交易所的审核后，交易所将同意发行上市的审核意见、相关审核资料和发行人的发行上市申请文件通过电子化系统报送中国证监会。中国证监会收到交易所报送的审核意见、发行人注册申请文件及相关审核资料后，要求交易所进一步问询的，交易所将向发行人及保荐人、证券服务机构提出反馈问题。中国证监会在注册程序中，决定退回交易所补充审核的，交易所发行上市审核机构对要求补充审核的事项重新审核，并提交上市委员会审议，交易所审核通过后，重新向中国证监会报送审核意见及相关资料。证监会审核通过的，履行发行注册程序；审核不通过的，对其作出终止发行上市审核的决定。

# 第三节　重　点　关　注

## 一、问询答复时间规定

发行人及其保荐人、证券服务回复审核问询的时间总计不超过三个月。回复时间从保荐人收到审核问询函的次日开始计算，从保荐人提交相关回复之日的次日暂停计算。

保荐人申请中止审核的，中止时间自保荐人向上交所审核机构提交齐备的中止审核申请之日开始计算，到上交所审核机构决定恢复审核之日结束计算。上交所审核机构直接中止审核的，中止时间自决定中止审核之日开始计算，到上交所审核机构决定恢复审核之日结束计算。

## 二、问询答复工作

因问询答复时间有明确规定，且可能存在多轮问询的情形，保荐人及发行人应提前预判可能被问询的问题并提前准备答复材料。

保荐人及发行人在收到问询函后，应对问题进行分工，确保满足问询答复时间要求。

问询答复应注意与披露内容保持口径统一，建议问询答复完成后，统一组织逐项讨论，确保问询答复质量。

## 三、现场问询

根据审核问询规则，若上交所审核机构及证监会认为需要保荐机构及发行人现场答复的，发行人及保荐机构应根据相关要求预约现场沟通时间及地点，并提前准备可能被问询的问题，做到专项问题由专人回答。

## 四、现场核查

根据《首发企业现场检查规定》，将注册制板块纳入现场检查范围，首发企业可能会被抽到现场核查，企业应提前做好准备工作。

# 第六编

# 发　行

# 第一章

# 引入战略投资者

## 第一节　重点适用政策法规

（1）《上海证券交易所科创板发行与承销规则适用指引第1号——首次公开发行股票（2021年修订）》（2021年9月18日修订）（现已废止）；

（2）《上海证券交易所科创板股票发行与承销实施办法（2021年修订）》（2021年9月18日修订）（现已废止）。

## 第二节　重点内容及要求

### 一、战略投资者相关要求

（一）战略配售投资者范围

参与发行人战略配售的投资者主要包括以下主体：

（1）与发行人经营业务具有战略合作关系或长期合作愿景的大型企业或其下属企业；

（2）具有长期投资意愿的大型保险公司或其下属企业、国家级大型投资基金或其下属企业；

（3）以公开募集方式设立，主要投资策略包括投资战略配售股票，且以封闭方式运作的证券投资基金；

（4）参与跟投的保荐机构相关子公司；

（5）发行人的高级管理人员与核心员工参与本次战略配售设立的专项资产管理计划；

（6）符合法律法规、业务规则规定的其他战略投资者。

公司首次公开发行股票数量在1亿股以上的，战略投资者获得配售的股票总量原则上不得超过公开发行股票数量的30%，超过的应当在发行方案中充分说明理由。

首次公开发行股票数量不足1亿股的，战略投资者获得配售的股票总量不得超过公开发行股票数量的20%。

（二）战略投资者人数

公司首次公开发行股票数量4亿股以上的，战略投资者应不超过30名；1亿股以上且不足4亿股的，战略投资者应不超过20名；不足1亿股的，战略投资者应不超过10名。

证券投资基金参与战略配售的，应当以基金管理人的名义作为 1 名战略投资者参与发行。同一基金管理人仅能以其管理的 1 只证券投资基金参与本次战略配售。发行人和主承销商应当根据首次公开发行股票数量、股份限售安排以及实际需要，合理确定参与战略配售的投资者家数和比例，保障股票上市后必要的流动性。

（三）战略投资者限售期及资金来源要求

发行人应当与战略投资者事先签署配售协议。发行人和主承销商应当在发行公告中披露战略投资者的选择标准、向战略投资者配售的股票总量、占本次发行股票的比例以及持有期限等。

战略投资者参与股票配售，应当使用自有资金，不得接受他人委托或者委托他人参与，但依法设立并符合特定投资目的的证券投资基金等主体除外。发行人和主承销商应当对战略投资者配售资格进行核查。战略投资者应当承诺：获得配售的股票持有期限不少于12个月。

引入战略投资者，不仅可以引入其雄厚的资金，更重要的是可以引进其先进技术、先进管理模式、先进营销策略，使公司自身发展壮大，增强整体创利能力。同时，可增强抗拒风险能力，分散自身经营风险，提升公司知名度与信誉度，进而激发公司潜在价值。

## 二、基本流程

上市公司拟引入战略投资者的，应当按照《中华人民共和国公司法》《中华人民共和国证券法》《上海证券交易所科创板股票发行与承销实施办法》和公司章程的规定及实际情况，履行相应的决策程序，遵循基本流程，完成战略投资者引入工作。

（一）寻求意向投资者

在准备引入战略投资者之前，要对拟引入的投资者有整体性了解，即投资者所属行业、分布地区、主要涉及领域及投资方向、资金实力状况、已投资项目情况、经营业绩等，然后再根据公司实际需要寻求意向投资者。通常情况下，寻求意向投资者主要有以下途径：

（1）各种研究、咨询等中介机构介绍。如各类投资公司、会计师事务所、律师事务所和证券公司等机构，都会有很多项目和投资者信息。

（2）行业内专业投资公司。通常情况下，行业内有大量专业投资集团公司掌握投资机遇和信息，如联系紧密的行业合作企业下属投资集团或基金。

（3）网上查询。目前有不少公开的投资专业网站，这些网站对公司的投资方向、已投资项目和资金实力都有比较详细的介绍。

（二）选择沟通投资者

在找到意向投资者之后，公司可以根据实际情况，在众多的意向投资者中，通常选择3～5家作为拟选目标，然后开始与其接触、面谈。但在接触之前，要认真了解这些投资者的基本情况，如资质、可以提供的增值服务及行业帮助等情况。在对意向投资者的了解中要注意考察以下几个方面：

（1）战略投资者基本情况。比如投资者投资项目偏好，资金来源是否多渠道，是否可以确保以后的追加投资，在行业内是否有一定的影响力和网络关系，内部组织形式和决策机制是否高效科学等。

（2）战略投资者的业绩情况。如投资者主要投资情况、成功案例、主要业绩，与公司的合作方式等。

（3）战略投资者的资金规模和主要投资行业。判定其是否能够满足公司的投资需求，并是否熟悉本公司所在行业情况等。

（4）战略投资者提供增值服务的情况。判定其是否具有为公司在上市、吸引机构投资者、扩大行业影响力、提升公司品牌等方面提供支持的能力。

在充分的前期沟通、尽职调查、现场调研、座谈会议等基础上，投资者对公司的基本情况、发展前景、未来拓展方向、经营计划等深化沟通了解，并就其合作形式和投资份额展开详尽商谈，确定最终环节方式。

（三）引入战略投资者

（1）前期准备工作：在获得上交所科创板发行审核委员会通过之前，多渠道多路径寻求意向投资者并确定拟投资者名单，合理规划时间，编制引入战略投资者工作推进计划表。

（2）沟通调研、资格核查工作：获得上交所科创板发行审核委员会通过之后到取得中国证监会同意注册批复之前，安排与战略投资者沟通、现场调研、座谈会议，审核战略投资者资质资格。

（3）确定战略投资者及份额：取得中国证监会同意注册批复之前，在完成前期沟通调研、资格核查工作基础上，明确投资者名单，商讨决策程序流程，制定并审议战略配售方案，确定战略配售份额。

（4）履行决策程序。

1）战略投资者决策程序：在审议明确战略投资者名单之后，需重点关注投资者内部决策程序，不同类型投资者关注点不同，内部决策程序可能稍微存在差异。如对产业投资者而言，放眼整个产业链条，通盘考虑，其更为看重公司战略性布局、产业整合，关注企业的行业地位与市场份额，因此可能会展开多轮次论证会、投决会，整体决策程序较长。公司须统筹考虑引入战略投资者工作进程，提前部署安排、沟通投资者从快落实决策程序流程，为整体上市工作推进留足时间。

2）公司决策程序：公司董事会应当将引入战略投资者的事项作为单独议案审议，并提交股东大会审议，独立董事、监事会应当对议案发表明确意见。

战略投资者引入相关决策程序应于取得中国证监会同意注册批复之前完成，充分考虑整体上市进度安排，如期按时完成。

（5）签订战略配售协议：在双方均履行完成必要的决策程序后，公司应与战略投资者签订具有法律约束力的战略配售协议，作出切实可行的战略合作安排。依照公司整体上市工作进度及保荐机构意见，及时完成引入战略投资后续事项，签署文件完成后，留存归档，妥善保存。

（四）参与战略配售

战略投资者根据战略配售协议确定的股票分配方案、发行定价等约定，结合公司发行上市整体进度，及时完成战略配售缴款事宜。

# 第三节　重点关注

## 一、战略投资者选择

### （一）根据公司发展需要选择不同的战略投资者

不同类型战略投资者站位不同、所属行业不同、投资目的不同，所展现的关注点、调研侧重背景方向也会有所不同。在现实战略投资者引入工作中，产业投资者与财务投资者的考量角度、投资逻辑、未来预期等方面都会有所差异，其所能够提供的增值服务也将有所偏向，这将直接影响公司长远发展规划。

战略投资者自身会有投资价值方面的考量，根据特性不同、站位角度不同存在些许差异，具体内容见表3。

表3　产业投资者与财务投资者关注差异

| 差异 | 产业投资者 | 财务投资者 |
|------|-----------|-----------|
| 行业特征 | 通常是和拟投资企业属于同一行业或相近产业，或处于同一产业链的不同环节 | 无固定行业特征，少数会长期跟踪、投资某一个或几个行业 |
| 投资目的 | 除了获取财务回报以外，更重要的目的为战略性布局、产业整合、合作与共赢 | 获取财务回报 |
| 投资逻辑 | 关注企业的行业地位与市场份额，对财务和利润指标要求低，更青睐高成长性的新兴行业企业 | 对财务和利润指标要求高，更青睐已经较为成熟并能够获得稳定增长利润的企业 |
| 能够提供的增值服务 | 提供公司管理、技术、人才方面的支持；与公司业务或其他方面的互补，以提高公司赢利和增长能力；提升公司市场知名度及估值 | 一般不能为公司提供太多额外支持，但在资本运作方面经验丰富，可弥补公司不足 |

| 差异 | 产业投资者 | 财务投资者 |
|---|---|---|
| 投资期限 | 投资期限更长，产业投资者进行的任何股权投资是其长期发展战略的一部分，是出于对生产、成本、市场等方面的综合考虑，而不仅仅着眼于短期的财务回报 | 关注投资的中期回报，以上市为主要退出途径，会考察企业3—5年后的业绩能否达到上市要求 |
| 是否要求参与公司治理 | 产业投资者对公司的控制和在董事会比例上的要求会更多，会较多地介入企业管理 | 除了在董事会层面上参与企业的重大战略决策外，一般不参与企业的日常管理和经营 |

产业投资者与财务投资者在行业特征、投资目的、投资逻辑等方面都存在着差异，公司应当充分考虑自身实际，在深度交流沟通中释放彼此价值需求，传递公司价值观念，寻找合作共赢点并最终明确目标选择，促使选择双方顺利达成战略配售协议，推动公司长效发展。

（二）根据战略配售股数规模选择战略投资者

通常情况下，公司战略配售股数份额规模直接影响战略投资者数量的选择，公司应根据战略配售股数规模合理确定战略投资者数量，战略配售股数规模小就选择适量战略投资者；反之，便可多选。公司结合自身实际选择合适数量的战略投资者将会对公司发展起到支撑作用，若选择战略投资者数量大于战略配售股数规模，分配股数较少将降低投资者的积极性。

## 二、战略投资者资质

战略投资者引入是一项十分细致且周期相对较长的工作，战略投资者的资质考察是引入战投工作中审核审查的重点，将直接影响公司整体上市进程安排。战略投资者引入关键点在于明确《上海证券交易所科创板发行与承销规则适用指引第1号——首次公开发行股票（2021年修订）》等规则文件中对战略投资者的定义，审核机构对于其资格认定有着细致的要求，因此公司应当密切关注战略投资者引入的相关案例，沟通审核机构，解读细节要求。如果投资者是以大型企业下属基金投资的，要关注他的投资占比，是否保证符合科创板战略投资者的一般条件。

## 三、战略投资者引入时间节点

作为战略投资者引入首要关注的问题，战略投资者引入时间节点是否恰当，推进节奏是否适当，期间各个环节是否按期完成，将直接影响公司整体上市进程。战略投资者引入中常常会出现产业投资者参与资本运作决策链条比较长，短期出结果难度比较大等情况。考虑到各方面因素，公司战略投资者引入时间节点应进行充分的计划和安排，要留足时间，尽早洽谈潜在投资者，确定投资相关事宜，尽快进入决策程序，以便公司选择到预期的对公司长远发展有帮助的战略投资者。

## 四、战略投资者份额分配

公司战略投资者股份分配应主要围绕拟引入战略投资者数量，用于战略配售股份总量来考量，依照战略投资者投资意向、资金实力、行业特征，以及能够为公司未来提供增值服务，如判断其是否能为公司在上市、吸引机构投资者、扩大行业影响力、提升公司品牌等方面提供便利帮助的程度，充分考虑公司业务导向和实际因素，细致论证战略投资者投资金额与获配股数间的关系，采取科学合理的模式，统筹考虑，制订分配方案，履行决策程序，完成战略投资者份额分配。

# 第二章

## 路　演

### 第一节　重点适用政策法规

（1）《注册制下首次公开发行股票承销规范》（2021年9月18日发布）；

（2）《上海证券交易所科创板股票上市规则》（2024年4月修订）。

### 第二节　重点内容及要求

上市路演是指股票发行人和承销商面向投资者所举行的股票推介报告活动。路演的目的是促进投资者与股票发行人之间的沟通和交流，以保证股票的顺利发行。

#### 一、路演形式

路演分为一对一路演（非公开方式）、一对多路演（非公开方式）及网上路演（公开方式）。

发行人和主承销商可以采用现场、电话、互联网等渠道进行路演推介。采用公开方式进行路演推介的，应当事先披露举行时间和参加方式。

## 二、路演时间

在首次公开发行股票注册申请文件受理后，发行人和主承销商可以与拟参与战略配售的投资者进行一对一路演推介。

首次公开发行股票招股意向书刊登后，发行人和主承销商可以向网下投资者进行路演推介和询价。

网下一对多路演时间为T-5日～T-3日，网上路演时间为T-1日。（T日为网上、网下申购日）。

## 三、路演方案及策划

1.路演对象

路演对象主要包括公募基金、私募基金、保险、资产管理公司及意向战略投资人，一般为北京、上海、广州、深圳机构投资者（战略投资人除外）。

2.路演团队

路演团队由发行人及主承销商组成，发行人路演团队通常为发行人董事会成员及高级管理人员，一般为董事长、董事会成员、财务负责人、董事会秘书及其他高级管理人员，数量应尽量控制在5人以内。

3.路演场次

网上路演均为一场。

网下一对多、一对一路演不限场次，可根据发行人意愿及拟路演对象时间，由主承销商进行合理安排。

4.路演安排

主承销商根据发行人发行计划及路演对象时间，制订路演计划及安排，主要包括路演时间、地点及行程等。

## 四、路演材料

路演材料主要包括路演PPT演讲稿、路演宣传视频、路演问答材料（含网上路演问答材料）、路演董事长致辞（网下一对多路演、网上路演）、主持词（网下一对多路演）、董事长及董事会秘书致辞（网上路演）。

## 五、路演流程

（一）一对一路演（含与战略投资者路演）

（1）开场介绍：主承销商介绍双方参会主要领导并交换名片。

（2）公司推介：以路演推介PPT为基础，介绍公司基本情况及投资亮点。

（3）互动交流：投资者针对公司基本情况及投资亮点进行提问，与路演团队进行互动交流。

（4）发行沟通：本次发行事宜沟通，包括发行时间安排等。

（二）网下一对多路演

（1）现场投资者登记、身份确认及入场，网上参会投资者通过指定平台进入会议并进行身份核验。

（2）主持人宣布会议开始（主持人一般为发行人董事会秘书）。

（3）律师宣讲现场会议纪律（见证律师由承销商聘请符合资质的律师担任）。

（4）董事长致辞。

（5）保荐机构领导致辞。

（6）播放路演宣传视频。

（7）路演PPT及投资亮点展示。

（8）自由问答环节。

（9）主持人宣布会议结束，致结束语。

（10）会议结束。

（三）网上路演

（1）准备工作：

1）发行人向路演中心提出路演申请（一般为上证路演中心），确定路演时间及场地。

2）发行人根据路演中心要求提供企业介绍、展示材料（企业照片、产品照片等）、发行人现场参会人员名单及网上路演问答材料等。

（2）网上路演流程：

1）发行人网上路演团队及主承销商抵达路演中心并候场。

2）入场拍照。

3）路演开始，主持人致辞并介绍嘉宾。

4）发行人致辞（一般为发行人董事长）。

5）主承销商领导致辞。

6）网上问答（发行人、主承销商及路演中心人员共同协作解答网上投资者提问）。

7）发行人致答谢词（一般为董事会秘书）。


# 第三节　重 点 关 注


## 一、路演材料注意事项

（1）路演PPT应避免出现过多的文字，尽量用简单的图表代替文字，所展示内容不得超出已披露的公开资料。当PPT涉及企业未来规划及财务预测数据时，应在符合实际情况的前提下，尽量积极明朗。

（2）路演宣传视频风格符合企业特性，时间一般控制在5～8分钟，建议聘请专业机构进行设计和拍摄。

（3）问答材料应与路演PPT展示内容保持一致，尽可能全面。

## 二、路演过程中应注意事项

### 1.路演场地预约及机构投资者邀请

发行人、主承销商根据发行计划，提前与选定的法定信息披露媒体约定网下一对多、网上路演时间及场地。

主承销商负责网下一对多路演投资者机构的邀请。必要时，可由与公司合作的法定信息披露媒体共同邀请。优先邀请机构投资者现场参与，同时也可以邀请未到现场的机构投资者以网络形式参与。

### 2.沟通交流

（1）发行人应提前对路演流程、路演材料进行熟悉，交流过程中尽量脱稿。

（2）路演团队应做到事前有分工，注重团队整体形象，回答问题过程中尽量避免抢答现象。

（3）在沟通交流过程中，应注意前后数据的统一性，所有数据应有充分的支撑数据，避免被投资者追问。

（4）路演过程应准确而自信地向投资者传递信息，语言简洁，主动引导投资者关注企业的投资亮点。对于敏感或不利问题，应巧妙回避。

### 3.其他注意事项

网下一对多路演由主承销商聘请见证律师见证，全程录音录像，并在路演结束后提交上交所备案、核查。

所有形式的路演，发行人应注意在解答投资者问题时，答复内容不得超出招股说明书披露范围。

# 第三章

# 承销与发行

## 第一节　重点适用政策法规

（1）《中华人民共和国证券法》（2019年12月28日修订）；

（2）《注册制下首次公开发行股票承销规范》（2021年9月18日发布）；

（3）《上海证券交易所科创板股票发行与承销实施办法》（2021年9月18日修订）（现已废止）；

（4）《上海证券交易所科创板发行与承销规则适用指引第1号——首次公开发行股票》（2021年9月18日修订）（现已废止）；

（5）《上海证券交易所科创板股票上市规则》（2024年4月修订）。

## 第二节　重点内容及要求

### 一、发行准备工作

#### 1.法定信息披露

证监会要求发行人至少选择一家法定信息披露媒体（简称"法披媒

体"）刊登发行上市相关公告，供投资者查阅。发行人须在启动发行前确定合作法定信息披露媒体。

根据需要，高铁电气同时选聘上海证券报、中国证券报、证券日报、证券时报为公司法定信息披露媒体，以确保发行工作达到预期。

2.确定承销商及承销方式

发行人在上市项目启动前须选聘依法设立且具有承销资格的证券公司作为承销商。其他按法律、行政法规的规定，应由承销团承销的，发行人应组建承销团对发行人股票进行承销，发行人应当与承销商（承销团）签订承销协议。

3.制订发行计划

在获得中国证监会同意注册后，发行人与主承销商应及时制订发行上市计划，并向上海证券交易所报备发行与承销方案，上海证券交易所在5个工作日内无异议的，发行人与主承销刊登招股意向书，启动发行工作。

经证监会同意注册后，发行人须于12个月内完成发行工作。

## 二、发行定价

发行人和主承销商根据初步询价结果，综合评估发行人合理投资价值、本次公开发行的股份数量、可比公司二级市场估值水平、所属行业二级市场估值水平、市场情况、募集资金需求及承销风险等因素，协商确定本次发行价格。网下投资者报价后，发行人和主承销商剔除报价最高部分后确定发行价格，高价剔除比例不超过3%。主承销商和发行人综合剔除最高报价后的网下投资者报价情况、网下投资者报价入围比例、同行业可比上市公司二级市场平均市盈率、自身发行价格预期等多方因素审慎合理定价。发行价格超过剔除最高报价后，网下投资者报价的中位数和加权平均数，剔除最高报价后公募基金、社保基金、养老金、企业年金基金和保险资金报价中位数和加权平均数孰低值的，超出幅度不高于30%。

## 三、上市仪式

发行人根据发行计划，在启动发行后可与上交所沟通上市仪式相关事宜。

### （一）仪式准备

**1.上市仪式材料准备**

与上交所互赠纪念品（通常上交所为发行人准备的是铜锣；企业根据自身特色提前准备纪念品，在上市仪式中与交易所互赠）、上市仪式所需嘉宾红围巾等。

发行人需在上市仪式前，向上交所提交《上市仪式直录播服务申请表》、《上市仪式指南》（内容包括公司简介、资本市场概况、公司财务数据、上市仪式嘉宾名单、上市仪式贵宾简介、上市仪式贵宾站/座位图、上市仪式主持词、上市仪式领导致辞等）等资料。

**2.嘉宾邀请**

发行人根据实际情况并与交易所沟通后，确定参加仪式嘉宾人数并邀请嘉宾。

拟邀请嘉宾一般包括政府、证监局、股东、合作伙伴、中介机构及发行人主要领导。根据邀请嘉宾情况确定15位贵宾，并在贵宾中确定4～6位鸣锣贵宾及3～4位致辞贵宾。致辞贵宾一般为发行人、政府及中介机构，发行人可根据实际情况增加一人，且需与上交所提前沟通并确认。

**3.制订仪式方案**

发行人根据自身需要，确定是否于上市仪式前一天举办上市恳谈会（酒会）。若举办，应在嘉宾邀请时提前告知参加仪式嘉宾。

发行人应制订详细活动方案，包括酒店预订、嘉宾往返接送方案及用餐安排等。

（二）上市仪式流程

（1）贵宾与上海证券交易所领导会见。

（2）仪式开始，介绍贵宾。

（3）贵宾致辞。

（4）签订上市协议书。

（5）交换上市纪念品。

（6）鸣锣。

（7）观看开盘走势。

（8）仪式结束。

由于上交所开盘时间为上午9点30分，故鸣锣环节一般在开盘前开始，以确保观看开盘走势时间。

## 四、发行主要工作

发行主要工作包括启动发行、刊登公告、网下投资者资格确认、路演，初步询价、确定发行价、网上网下申购、投资者缴款、确定配售结果、包销金额、募集资金划至发行人账户、刊登发行结果公告、股份登记及举办上市仪式。

# 第三节　重点关注

## 一、法披媒体选聘

发行人至少选择一家法披媒体刊登发行上市相关公告。根据市场惯例，较多发行人会同时选择知名度较高的四家法披媒体，通常包括中国证券报、证券日报、上海证券报、证券时报，并约定网上、网下一对多路演合作事宜。发行人还可以根据实际情况及需求同时选聘其他具有资格的法定信息披露媒体进行合作。

## 二、发行定价

发行定价应尽量合理，不可过高或过低。若发行价过低，可能损害原有股东的利益，且募集资金量少，发行公司的筹资需求难以满足，不利于公司的长期发展。若发行价过高，则会增大承销商的发行风险及发行难度，亦会增大投资者的成本，抑制投资者的认购热情，最终影响发行人的筹资需求。

## 三、其他注意事项

发行阶段工作安排较为紧密，每一环节工作环环相扣，发行人应安排专人同承销商保持密切沟通，务必确保每日计划按期完成。

发行期间公告内容较多，发行人应安排专人对所有公告内容进行校对，避免信息披露出现重大明显错误而导致发行延误。

# 编　后　语

在各级领导的鼎力支持下，高铁电气全体工作人员不懈努力、拼搏奋战，各中介机构勤勉尽责、协同合作，经过两年多的艰辛付出，高铁电气在科创板上市项目终得圆满。功成之余，编写一本操作指引，将项目在实践中探索总结的一些方法和思路，客观清晰地加以展示，方便进行学习交流，成为项目组全体人员的共同心声。

为编好本书，我们专门成立撰写编写组，制订了详细的编撰计划和实施方案。在编撰过程中，参与人员集思广益，闭门力耕，多次采取封闭式集中办公，对书中的一些难点、要点进行"集中问诊"。其间，我们还得到了关心、关注高铁电气发展的各方的大力支持，让本书得以顺利完成，在这里表示由衷的感谢。

嘤其鸣矣，求其友声。我们深知自身具有一定的行业局限性，加之编写人员水平有限，书中难免有不足之处，恳请广大读者批评指正。